Kathrin Asper

**Von der Kindheit
zum Kind in uns**

W

Kathrin Asper

Von der Kindheit zum Kind in uns

Lebenshilfe aus dem Unbewußten

Walter-Verlag Olten und Freiburg im Breisgau

Alle Rechte vorbehalten
© Walter-Verlag AG, Olten 1988
Satz: Jung SatzCentrum, Lahnau
Druck und Einband: Grafische Betriebe
des Walter-Verlags
Printed in Switzerland

ISBN 3-530-02369-8

Für meine Geschwister

Doch uns Kindern zerriß nun
Jähe der Grund, den wir spielend und träumend gefunden.

Denn nur die Kinder der kargeren Landstriche sehnen
Leidend und hoffend sich stets in die Heimat zurück.

Marie-Luise Kaschnitz (Bollschweil)

Inhalt

Vorwort

Dieses Buch beschäftigt sich mit dem Motiv des Kindes in unseren Träumen. Dabei ging ich von der Frage aus, welche Bedeutungen den verschiedenen Traum-Kindern zugeordnet werden können. Um mich ins Bild zu setzen, habe ich viele Träume gesammelt und eingesehen, und im Laufe der Zeit haben sich die hauptsächlichsten Bedeutungskreise herauskristallisiert. So weist das Kind-Symbol häufig auf etwas Neues und Zukünftiges hin, ferner kann es eine religiöse Bedeutung haben und schließlich Sinnbild schöpferischer Möglichkeiten sein.

Die Beschäftigung mit diesen Träumen führte letztlich auch zur Frage, wie denn unsere eigene Kindheit in den Träumen abgehandelt werde. Dabei ergab sich die interessante Feststellung, daß die Träume selten direkt von uns als einstigem Kind sprechen. Sie bedienen sich im Gegenteil verschiedener Verfremdungen, wodurch das Kindheitsgeschehen verschleiert wird, was besondere therapeutische und psychologische Überlegungen erfordert, um anhand der Träume dennoch die Kindheit kennenzulernen.

Die hier zur Darstellung gelangenden Träume handeln in der Regel nicht von unseren leiblichen Kindern, sondern von unserem inneren Kind, vom Kind, das wir einst waren, von unseren spontanen Kindseiten und zukünftigen Möglichkeiten. Das Kind im Traum ist ein äußerst wichtiges Symbol, das nicht allein unser Wesen und unsere Naturanlage spiegelt, sondern uns oft auch Hinweise gibt, wie wir unser Leben fruchtbarer gestalten können.

Die eigene Kindheit begreifen lernen und den Dialog zum Kind, das wir einst waren, aufnehmen, sind wesentliche Schritte, um uns selber näher zu kommen. Wer verstehen gelernt hat, «wie alles gekommen ist», dem ist es auch vergönnt, argloser, spontaner und freier in die Zukunft zu gehen und lebendig unterwegs zu sein.

Die in diesem Buch verwendeten männlichen Bezeichnungen wie zum Beispiel Träumer, Analytiker, Leser sprechen in jedem Fall Mann und Frau an und wurden lediglich der einfacheren Lesbarkeit halber verwendet.

An dieser Stelle möchte ich all jenen danken, die mir die Erlaubnis gaben, ihre Träume zu verwenden und das unumgänglich Nötige aus ihrem Leben berichten zu dürfen. Ich fühlte mich durch diese Gaben reich beschenkt. Selbstverständlich wurden die persönlichen Angaben so verändert, daß die Personen nicht zu erkennen sind.

Mein Dank geht auch an Dr. Mario Jacoby, der sich die Mühe nahm, das Maniskript zu lesen und kommentieren.

Meilen, im August 1987   Kathrin Asper

Einführung

Gedanken zum Kind-Symbol

Kaum ein anderes Symbol vereinigt in sich solche Gegensätze
wie das Kind-Symbol. So ist das Kind, auf der einen Seite das
Heiligste, was es gibt – man denke an das Jesuskind –, auf der
anderen Seite ist aber gerade das göttliche Kind den brutalsten
Gefahren wie dem Kindermord von Bethlehem ausgesetzt.
Bemerkenswerterweise ist jedoch letzteres Thema in der bildenden Kunst nicht sehr häufig anzutreffen. Blättert man außerdem
in Kunstbüchern, auch solchen, die sich mit Kinddarstellungen
allein befassen, geht man durch Museen und Kunstgalerien und
wird aufmerksam auf Muttergottesdarstellungen mit dem Jesuskind, so fällt eines zentral auf: es lassen sich keine oder kaum
Bildnereien finden, wo das Kind schreit, weint, ärgerlich und
ungehorsam ist. Überall scheint die Idylle inniger Bezogenheit
zwischen Mutter und Kind und die selige Unschuld des Kindes
eingefangen zu sein. Und doch! Wer weiß besser als Eltern, daß
Kinder nicht nur Engel sind, sondern auch – und manchmal vor
allem – mühsam zu ertragen in ihrer Eigenwilligkeit, ihrem Trotz
und Ärger. Weit eher als die bildende Kunst weiß die Volksliteratur von trotzigen, faulen, lästigen und hartherzigen Kindern zu
berichten. So möge man sich an Pechmarie in «Frau Holle»
(KHM 24) erinnern, die kalt von Herzen, böse und nur auf ihren
eigenen Vorteil bedacht ist. Dann sei der faule Heinz im gleich-
namigen Märchen (KHM 164) erwähnt, der es vor lauter Träg-
heit kaum fertigbringt, seine einzige Ziege zu hüten. Eigensinnig
und vorwitzig ist das Mädchen in «Frau Trude» (KHM 43), dessen ewige Fragerei so an die Nerven gehend ist, daß Frau Trude

es in ein Holzscheit verwandelt und verbrennt. Auch Eigensinn wird im Märchen bestraft. Das Töchterchen in «Die Rabe» (KHM 93) wird von seiner königlichen Mutter verflucht, weil es nicht stillhalten kann, und verwandelt sich in eine «Rabe». – Doch auch im Märchen scheinen bei näherem Hinsehen die unerfreulichen Kinder nicht eben häufig zu sein, und es macht sich auch hier das Bedürfnis bemerkbar, eher von den guten Kindern zu sprechen. Wie sehr diese Tendenz einer menschlichen Neigung entspricht, zeigt sich ganz deutlich im Märchen «Die ungleichen Kinder Evas» (KHM 180), wo das erste Elternpaar Gott, den Herrn, erwartet. Eva putzt ihre schönen Kinder sorgfältig heraus und versteckt die häßlichen. Erst als Gott die erfreulichen Kinder großzügig segnet, denkt Eva an die anderen Kinder, holt die «ganze grobe, schmutzige, grindige, rußige Schar» aus den Verstecken hervor und präsentiert sie dem Herrn. Wohlwollend segnet er auch diese Kinder. Mit anderen Worten: es muß schon der Herrgott bemüht werden, damit man sich an den ungeratenen Kindern freuen kann, menschliche Vorliebe ist ihnen nicht von vornherein gewiß! Heute ist man dem Ungehorsam kleiner Kinder gegenüber toleranter und sieht in ihm die ersten, kostbaren Ansätze zur Autonomie und Selbständigkeit. Und nimmt man sich die psychologischen Lehren der letzten Jahrzehnte zu Herzen, wonach solche kindlichen Eigenstrebungen, allzu sehr gebändigt und gezähmt, zu schweren Entwicklungsstörungen führen, so geht man sorgfältiger, als es noch unsere Vorfahren taten, mit dem Eigensinn des Kindes um.

In der bildenden Kunst sind, wie erwähnt, Darstellungen von weinenden, ungehorsamen und ärgerlichen gegenüber unschuldigen und anmutigen Kindern weitaus in der Minderzahl. Spontan fallen mir zwei Bilder ein, beide stammen von berühmten Malern. Das eine ist ein ärgerlich weinender Engel, eine Kreidezeichnung Albrecht Dürers (Gersdorf, S. 21), dem berühmten Renaissance-Maler. Die Renaissance ist jene Kunstepoche, in der die typisierte Darstellung und der Goldgrund des Mittelalters in den Hintergrund traten und das individuelle, realistische

Porträt bedeutsam wurde. Der Mensch in seiner ganz realen und kollektiven Vernetzung und seiner individuellen Wesensart trat in den Mittelpunkt des Interesses. So ist es denn auch nicht zufällig, daß man gerade in dieser Epoche auch die unliebsamen Äußerungen des Kindes einzufangen begann und auf diese Weise den Mythus des heiligen, unschuldigen Kindes brach. Noch mehr der kindlichen Natur in ihrer spontanen, lausbübischen und bisweilen schwer zu ertragenden Art zugewandt sind beispielsweise die niederländischen Maler des 17. und 18. Jahrhunderts. Eine Federskizze Rembrandts «Das ungezogene Kind» (Tafel 1) sei an dieser Stelle besonders hervorgehoben. Auf ihr steht das zappelnde und strampelnde Kind eindeutig im Mittelpunkt, und es ist offensichtlich, daß es derart ungezogen ist, daß der Mutter nichts anderes übrigbleibt, als es aus dem Zimmer zu befördern. Rembrandt hat die Begebenheit mit einigen rasch hingeworfenen Federstrichen eingefangen und schildert uns damit ein Ereignis, wie es immer wieder vorkommt.

Doch selbst eine dieserart lebensnahe Darstellung darf nicht darüber hinwegtäuschen, daß auch in der Neuzeit bis hinein in unsere Tage der Mythus des unschuldigen, schönen und liebreichen Kindes ungebrochen weiterlebt. Dem Kind, näher dem Ursprung noch als der Erwachsene, werden auch heute noch Qualitäten zugesprochen, die es als ideales Wesen kennzeichnen. Ich erwähne in diesem Zusammenhang ein Lied – es mag für viele ähnliche stehen – mit dem Titel «Nur für einen Tag» von Peter Maffay:

«Einmal möcht' ich wieder Kind sein
Nur für einen Tag
Einmal mich nicht wehren müssen
Nur für einen Tag
Einmal nichts entscheiden brauchen
Nur für einen Tag
Einmal alles lieben können
Nur für einen Tag

13

Einmal möcht' ich wieder Kind sein
Nur für einen Tag
Einmal nichts verbergen müssen
Nur für einen Tag
Einmal nicht zu lügen brauchen
Nur für einen Tag
Einmal alles sagen können
Nur für einen Tag»

Refrain:
«Und schlaf' ich abends ein
Lache ich im Traum
Denn ich setz' all mein Vertraun
In den neuen Tag
Fühl' mich ausgeruht und hellwach
Schon im Morgengraun»

(Zit. nach Lenzen, S. 200 f.).

Der Text beschreibt die Kindheit als Paradies und stattet das Kind mit Eigenschaften aus, die im krassen Gegensatz zum Verhalten Erwachsener stehen. Das Kind muß sich nicht wehren, braucht nichts zu entscheiden, liebt alles, muß sich nicht verbergen und lügen. Es lacht im Traum, vertraut auf den neuen Tag und ist voller Lebenskraft. Damit wird nicht nur das Kind beschrieben, sondern eine Seinsweise kommt hier zur Sprache, die alle Wünsche der schwerbeladenen Erwachsenen auf das Kindsein projiziert. Maffay spricht damit die verborgene Sehnsucht vieler Menschen an, die der Hoffnungslosigkeit, des Mißtrauens, der Kriege, Ruhelosigkeit und Erschöpfung überdrüssig geworden sind. Diese kurze Ausführung zeigt, daß das Kind seit altersher und weltweit Träger unserer tiefsten Sehnsüchte und höchsten Ideale ist. Heiligkeit, Unschuld, Harmonie, Glück, Lust und Wonne, Friede und Ewigkeit werden gleichermaßen auf das Kind projiziert, und es erscheint in Kunst, Literatur, Mythologie und Religion als ein mit allen Wesensseiten der Göttlichkeit begnadetes Wesen. Das Kind als Symbol spiegelt nicht die äußere Realität, sondern eine innere – die Wirklichkeit der Seele –, und reflektiert unsere Wünsche, Hoffnungen und Sehnsüchte, denen wir nachstreben und die wir zu verwirklichen trachten. Das Kind wird dadurch auch immer zu einem auf Neues und Zukünftiges verweisendes Symbol.

Diese seelische Ebene steht jedoch in einem schroffen Gegensatz zur Tatsächlichkeit des Kind-Seins. Die Geschichte der Kindheit ist, schenkt man den aufsehenerregenden Berichten der letzten Jahre (Ariès, Badinter, de Mause, Mallet) Glauben, eine einzige Greuelgeschichte, in der Kindesmißhandlung, Aussetzen, absichtliches Verhungernlassen, Kindesmord, Vernachlässigung, abscheuliche Wickelpraktiken und Seele und Körper schädigende Erziehungsmethoden Legion waren. Nur vereinzelt anzutreffen sind in der Geschichte andere Umgänge mit dem Kind. Ich denke dabei an die Kinddarstellungen der Griechen, denen es schon früh gelungen ist, kindliche Natur und Wesensart in Skulpturen, Malereien (vor allem Vasen und Krüge) und Grabstelen einzufangen (Rühfel). Ein reizendes und sprechendes Beispiel für diese wohl außergewöhnliche Haltung dem Kind gegenüber ist die Grabstele der kleinen Plangon aus der Münchner Glyptothek (Tafel 2). Das kleine Mädchen steht da zur rechten Seite hingerückt und hält in der gesenkten Linken «einen kleinen Vogel, in der erhobenen Rechten eine Puppe. Die Kleine wendet sich einer links stehenden Gans zu, die ihr zutraulich Kopf und Fuß entgegenhält. An der Wand hängt ein großer Knöchelbeutel (Kinder spielten früher mit Knöchelchen, Anm. d. V.), daneben ein Puppenkleid. Das Bild erzählt in ausführlicher Weise, was diesem Kind im Leben lieb war, welche Spiele sein Kinderglück ausgemacht hatten» (Rühfel, S. 174).

Trotz zunehmender Einfühlung in die Psyche des Kindes und deren Bedürfnisse in unserer Zeit darf man sich nicht darüber hinwegtäuschen, daß das Kind auch noch heute in Wirklichkeit Opfer grausamster Praktiken ist. Kindesmißhandlungen nehmen leider bedenklich zu und sind häufig so schwer, daß das Kind der Spitalpflege bedarf oder gar stirbt. Nach Trube-Becker (S.7) geschahen in der BRD im Jahre 1982 zwischen 30000 und 80000 Kindesmißhandlungen. Diese Zahlen scheinen jedoch lediglich die Spitze des Eisbergs auszumachen, muß doch die Dunkelziffer als beträchtlich höher angenommen werden. Wenn man außerdem in Betracht zieht, daß da und dort Sorgentelephone für Kinder eingerichtet und von Kindern auch für sehr ernst zu nehmende Nöte benutzt werden, so ist diese Tatsache alarmierend.

Wohl ist das verlassene und bedrohte Kind Thema der Heldenmythen aller Zeiten. Es handelt sich dabei jedoch um Kinder, die dank der Hilfe der Elemente überleben. Das Wasser beispielsweise trägt sie fort von der Bedrohung einem gnädigen Schicksal und einem glückhaften Dasein entgegen: so Moses, der in seinem Körbchen dem Lauf des Wassers übergeben wurde, so der Held im Märchen «Der Teufel mit den drei goldenen Haaren» (KHM 29). Das ausgesetzte Kind des Mythus überwindet die Gefahren, weil die Mutter Natur einspringt und es durch ihre Kräfte schützt; das Heldenkind kennt außer der eigenen Mutter immer noch die überpersönliche Mutter – die Natur –, die es vor dem Verderben bewahrt. – Auch wirkliche Kinder können einen schwierigen Lebensanfang bestehen und brauchen nicht daran zu zerbrechen. Doch viele bleiben, die tiefgreifenden Schaden aus einem ungünstigen Lebensbeginn und mangelnder Bemutterung ziehen. Sie tragen mitunter ein Leben lang schwer an diesem Geschick, und ihr Dasein scheint das Unglück des Anfangs in einer Kette von Schwierigkeiten zu wiederholen. Sie leben das Thema des verlassenen Kindes in allen Schattierungen. Man braucht dazu nur Sozialarbeiter nach den Lebensläufen ihrer Zöglinge zu fragen, man möge nur die Krankengeschichten von Menschen, die in psychiatrischen Kliniken waren, lesen, und man nehme die Biographien Straffälliger zur Kenntnis, um zu sehen, daß Kindheit auch furchtbar sein kann. Die Umstände müssen jedoch nicht immer drastisch und greifbar sein, subtiler geht es auch. Sogenannte «gute und glückliche» Kindheiten und «geordnete Verhältnisse» weisen bei näherem Hinsehen häufig ein großes Ausmaß an emotionaler Verlassenheit und Vernachlässigung auf (vgl. Asper 1987).

Es dauert oft lange, bis der einzelne einsieht, was in der Kindheit geschah. Darauf machte bereits Freud aufmerksam, als er den Gedanken äußerte, daß Geschehen und Erleben der Kindheit von der Verdrängung eingeholt werden. Was wir als Kind an Unangenehmem erlebten, wird beiseite geschoben. Der Vorgang der Verdrängung wird gestützt durch den schnellen Lauf der Jahre und die Zukunftsausgerichtetheit des jungen Menschen. Beihilfe zur Verdrängung leisten nicht zuletzt die Eltern, deren Aussagen oft mehr geglaubt wird, als der eigenen Erfahrung. Diesen Gedanken hat Goethe in seiner Lebensgeschichte «Dichtung und Wahrheit» treffend formuliert, wenn er sagt: «Wenn man sich erinnern will, was in der frühesten Zeit der Jugend begegnet ist, so kommt man oft in den Fall, dasjenige, was wir von andern gehört, mit dem zu verwechseln, was wir wirklich aus eigener anschauender Erfahrung besitzen» (Goethe, S. 55).

Das Kind, das wir einst waren, muß wieder entdeckt werden, damit der Anschluß an unser wirkliches Erleben gefunden werden kann. Das ist nicht allein therapeutisches Gebot vieler psychologischer Richtungen und Schulen, sondern es scheint mir auch ein dem Menschen typisches und ihm innewohnendes Bedürfnis zu sein, zu einem Zeitpunkt seines Lebens Bilanz ziehen, zurückblicken und die Frage nach der Herkunft stellen zu wollen. Davon zeugen die vielen Kindheits- und Jugenderinnerungen, die bereits früher, aber besonders auffallend oft heute auf dem Büchermarkt erscheinen. Die Niederschrift früher Erfahrungen ist eine Art der Selbsttherapie, sie erinnert an Heinrich Heines Wort: «Krankheit ist wohl der letzte Grund / des ganzen Schöpferdrangs gewesen; / erschaffend konnte ich genesen; / erschaffend wurde ich gesund.»

Die Betrachtung der Kindheitsgeschichte ist näherhin vor allem deshalb wichtig, weil dadurch der Bezug zum eigenen Lebensgesetz gefunden werden kann. Viele Menschen von heute erleben sich mit sich selber entfremdet (vgl. Asper, 1987), und sie finden den von der «Natur vorgezeichneten Weg» nicht mehr so einfach, wie dies Goethe in einer Stelle aus «Dichtung und Wahrheit» annimmt: «Der Mensch mag sich wenden, wohin er will, er mag unternehmen, was es auch sei, stets wird er auf jenen Weg wieder zurückkehren, den ihm die Natur einmal vorgezeichnet hat» (Goethe, S. 96).

Manch einer braucht, um diesem humanistischen Ideal der Selbstentfaltung nachstreben zu können, die Therapie. Um das Kind in sich wieder zu finden und sich der durch es dargestellten Ganzheit der eigenen Natur bewußt zu werden, bedient man sich in der psychologischen Auseinandersetzung mit sich selber auch der Träume. Sie können über das einstige Kind und seine Erfahrungen mitunter wichtige Aufschlüsse geben.

Da jedoch die Kindheit oft weit weg vom Bewußtsein angesiedelt ist, ergeben sich bei der Beschäftigung mit dem Kind-Symbol in den Träumen spezifische Schwierigkeiten. Nur ganz vereinzelt nämlich berichten die Träume direkt und unverhüllt vom Kind, das wir einst waren. Ein Traum, wie beispielsweise der folgende, der ohne jegliche Verfremdung ein Schlüsselereignis der Kindheit heraufbringt, gehört zu den Seltenheiten. Eine Frau mittleren Alters träumte:

Ich sitze als kleines Kind im Kinderwagen, und mein Vater stößt den Wagen. Er trägt einen langen, schwarzen Mantel. Der Griff des Wagens entgleitet seinen Händen, und der Wagen fährt selbständig davon. Ich habe große Angst. Mein Vater ruft ärgerlich: «So halt doch an, so halt doch an!»

Für die Träumerin war diese Traumerinnerung in dem Sinne wegweisend und erhellend, als sie dabei die Vermutung, die bereits in vielen Analysestunden zur Sprache gekommen war, erhärtet fand. Der Traum, so glaubte sie sich nunmehr zu erinnern, schilderte ein tatsächlich stattgefundenes Ereignis und bestätigte die Annahme, daß sie bereits als kleines Kind vom Vater überfordert und ebenso wahrscheinlich jeweils von ihm für seine eigenen Unterlassungen und Fehler verantwortlich gemacht worden war. Sein an das Kind gerichteter Ruf, den Wagen anzuhalten, ist einerseits absurd – denn wie kann ein kleines Kind den Wagen stoppen? – und andererseits das Kind schuldig machend.

Das einstige Kind und die Kindheit erscheinen in den Träumen verfremdet, auf andere Traumfiguren verschoben, manchmal gar nicht und schließlich ins Typisierte gewandelt. Im Kapitel «Kind und Kindheit» (S. 26 ff.) wird davon ausführlich die Rede sein. Im Anschluß an das genannte Kapitel soll uns das Symbol des Kindes in seiner Dimension als Symbol des Lebens beschäftigen. In diesem Zusammenhang wird auch von Depression die Rede sein, besteht doch im depressiven Zustand sowie in seiner Endphase eine gewisse Verbindung zum Kind-Symbol in den Träumen. Das darauf folgende Kapitel behandelt dann das Thema des heiligen und göttlichen Kindes. Dabei versuche ich, diese schwierige Thematik so lebensnah wie möglich darzustellen. Wiederum wird uns dort u. a. die so rätselhafte seelische Erkrankung Depression beschäftigen, diesmal aber in ihrer spirituellen Ausrichtung. Im Anschluß daran befasse ich mich mit der Erfahrung, Kind Gottes zu sein im Hinblick auf die Themen des verlorenen Kinderglaubens und der Gotteskindschaft. Ein letztes Kapitel über das Kind in seiner lächelnden, spielerischen und schöpferischen Art beschließt die Ausführungen dieses Buches. Meine Darlegung umfaßt demnach die ganze Spannweite des Kind-Symbols, seinen Vergangenheitsbezug und seine Zukunftsausgerichtetheit. Das Gestern und das Heute, das Vergangene und das Zukünftige sollen gleichermaßen im Hinblick auf das Erscheinen des Kindes im Traum angesprochen sein. Doch dazu ist vorab noch folgendes zu sagen.

Vom Umgang mit den Träumen

Unsere Träume sind eine Notwendigkeit für die Erhaltung des körperlichen und seelischen Gleichgewichts. Die einen erinnern sich an die Träume, die anderen nicht oder weniger gut, Tatsache ist aber, daß jeder Mensch jede Nacht träumt, wie die Traumforschung nachgewiesen hat. Die erinnerten Bildfolgen der Träume können uns oft Aufschluß über unser Dasein und unsere Verwicklungen in ihm geben, denn sie sprechen von Vergangenem, Gegenwärtigem oder Zukünftigem. Wer sich mit den eigenen Träumen beschäftigt, lernt seine innere Lage besser kennen und gewinnt dadurch eine zum Bewußtsein und den Ich-Funktionen zusätzliche Orientierung. Außerdem sind Träume auch oft einfach schön und beeindruckend; sie können aber auch schwer sein, dann sprechen wir von Alpträumen, aus ihnen erwachen wir oft zitternd, schweißgebadet und mit Herzklopfen. Die Bilder, die in den Träumen vorkommen, sind oft Symbole, die über das konkrete Verständnis hinaus sinnbildlich aufzufassen sind und auf eine tiefere, nicht näher zu fassende Bedeutung hinweisen. So ist zum Beispiel das Kind, das in vielen Träumen erscheint, nicht nur ein konkretes, leibhaftiges Kind, sondern ein Symbol, das Neues, Zukünftiges anzeigt und auf Lebendigkeit hinweist. Das symbolische Kind hat in der Regel mit dem Träumer selber zu tun und versinnbildlicht Seiten seiner Persönlichkeit, ist, mit anderen Worten, ein inneres Kind. Eine solche Deutung nennen wir subjektstufig, weil sie mit der träumenden Person, dem Subjekt, zu tun hat. Objektstufig ist jene Deutung zu nennen, die das Kind als ein konkretes Äußeres – als ein Objekt – auffaßt. Subjektstufige und objektstufige Deutungen können auf alle im Traum vorkommenden Figuren und Situationen ausgedehnt werden. In vielen Fällen können beide Deutungsansätze gleichzeitig angewendet werden und einen Sinn ergeben.

In dieser Arbeit wende ich mich den verschiedenen Erscheinungsformen und Bedeutungen des Kindes in den Träumen zu.

Dabei beziehe ich auch solche Träume ein, in denen nicht direkt von einem Kind die Rede ist, sondern die Träumer sich als Kind, Tochter oder Sohn erleben und entsprechend handeln und behandelt werden.

Es ist ganz und gar kein leichtes Unterfangen, das Kindmotiv, wie es in Träumen erscheint, abzuhandeln, nimmt man doch aus dem Bilderreichtum der Träume ein Symbol heraus und isoliert es gewissermaßen. Nun wissen wir aber – und jeder, der auf seine Träume achtet, kann dies bestätigen –, daß die Träume in tausend Zungen sprechen und oft verschiedene Bilder benutzen, um eine Sache anzudeuten. So kann der Traum den Gedanken des Neuen mit dem Kind-Symbol ausdrücken, er kann aber dafür auch das Symbol einer Pflanze verwenden, die Farbe grün herbeiziehen, kann auf junge Tiere hinweisen und schließlich das Kommende durch den Bau eines Hauses verdeutlichen. Mit jedem dieser Symbole wird das Thema des Neuen umschrieben und unter verschiedenen Aspekten gesehen. Nimmt man nun das Kindmotiv heraus, so vereinzelt man es und löst es aus der Vernetzung mit dem Bedeutungsreichtum anderer Symbole. Es erwächst dadurch die oben angedeutete Gefahr der Isolation eines Symbols, der Überdeterminierung des Symbols, was bedeutet, daß man es durch seine Herauslösung leicht mit zu vielen Bedeutungsfacetten anreichert und es so überdurchschnittlich mehr Gewicht erhält als die anderen Symbole, die im Zusammenhang mit ihm in einer Traumserie auftreten.

Was rechtfertigt aber dennoch die Beschäftigung mit einem Symbol? Diese Darlegung über das Kind im Traum wurde in der Absicht geschrieben, jenen Menschen, die sich vermehrt ihren Träumen zuwenden wollen, Hinweise zu geben, wie man mit Träumen umgehen kann. Das Kind ist nun ein derart reich facettiertes Symbol, daß sich an ihm die Bedeutsamkeit von Träumen sehr gut aufzeigen läßt. Es ist gewissermaßen ein Langzeitsymbol. Das bedeutet, daß sich seine Wirkung über längere Zeit erstreckt und nur durch die sorgfältige Beachtung der inneren und äußeren Lage in etwa erschlossen werden kann. Es macht deshalb die Darstellung von längeren Analyseabschnitten notwendig, was gleichzeitig einen guten Einblick in die psychischen Prozesse erlaubt.

Der Leser soll jedoch immer im Auge behalten, daß sich die Deutung eines Traumes nicht allein aus dem geträumten Traum ableiten läßt. Der Analytiker benutzt, um eine Deutung vorzulegen, noch andere Informationsquellen, beispielsweise seine Einfühlung in die Kindheit und/oder aktuelle Lage des Träumers, sein Wissen um biographische Fakten, seine Wahrnehmung der Stimmung des Analysanden, dessen Gestik und Mimik, dann dessen Ergänzungen zum Traum, seine Einfälle, sein Wissen um frühere Träume. Der Leser nun, der vielleicht nicht in einer Analyse steht und kein Gegenüber hat, trage am besten seine Träume mit sich herum, erwäge sie in seinem Gemüt, lasse sie durch seine Gedanken ziehen, meditiere sie, erinnere sich an ähnliche Begebenheiten und zeige sich seinen Einfällen gegenüber offen.

Für das Verständnis der Träume ist eine spezifische Traumeinstellung notwendig, die ich wie folgt umschreiben möchte: sie ist umkreisend, nicht linear, ist abwartend, nicht zielgerichtet, besteht mehr im Sein mit dem Traum als im Haben des Trauminhalts, ist ein Mitgehen mit dem Geträumten. Der gerichtet und logisch Denkende wird diese Einstellung als vage empfinden – und das ist sie auch. Es geht um den Mut, das Vage auszuhalten, bis sich aus dem geduldigen Mitgehen mit den Träumen und den diesbezüglichen Ahnungen eine gewisse Gewißheit über die Traumbotschaft einstellt, bis sich das Bewußtsein ganz unmerklich durch den Einfluß der Träume verändert und sich – für das Bewußtsein plötzlich, für den Prozeß aber folgerichtig – neue Einstellungen ergeben, Neues aufgenommen, Altes erhellt und Aktuelles verständlicher geworden ist.

Dieser beschriebene Umgang mit dem Traum ist nun einer, der ganz und gar nicht in unser angestammtes patriarchales Denken paßt. Er ist nicht vaterspezifisch, indem er Schritt für Schritt vorwärtsgeht mit dem Ziel, zu einer eindeutigen Antwort zu kommen. Viel eher möchte ich den beschriebenen Umgang matriarchal oder – im Gegensatz zu vaterspezifisch – mutterspezifisch nennen.

Die Vagheit der Traumaussage soll aber andererseits nicht zur fälschlichen Annahme verführen, es gebe nichts Eindeutiges in den Träumen, das gibt es sehr wohl auch. So erinnere ich mich an einen Bericht, in dem es um eine einfache Bäuerin ging, die geträumt hatte, ein Kind komme auf die Welt. Sie habe den Traum ernstgenommen, sei anderntags abends länger aufgeblieben und habe, geleitet vom Traum, heißes Wasser und Tücher bereit gemacht. Da hätte es zu vorgerückter Stunde geklopft, und ein junges Paar sei draußen gestanden, die Frau sei hochschwanger gewesen, und die Wehen hätten bereits eingesetzt. Sie seien von ihrer Ferienbehausung nicht mehr rechtzeitig ins Tal gekommen und hätten bei ihr, wo Licht brannte, angeklopft. Die Bäuerin war bereit und konnte die Schwangere von einem gesunden Kind entbinden. An diesem Beispiel zeigt sich die Bedeutung der Eingebung; die Frau handelte auf eine Eingebung hin und war dem Wissen der Träume sehr nahe. Selten jedoch verfügt der patriarchal ausgerichtete Mensch unserer Zeit über diese Nähe zum Unbewußten; er tut deshalb gut daran, seinen raschen Traumdeutungen nicht unmittelbar Glauben zu schenken, denn operiert er aus den «angeschulten» Denkmustern vaterspezifischer Art heraus, so können sich verschiedene Traumdeutungen ergeben, und keine sagt ihm im gefühlsmäßigen Sinne etwas. Es ist meiner Meinung nach fruchtbarer, er läßt diese alle nebeneinander bestehen, um sich dann ganz allmählich mutterspezifisch dem verborgenen Wissen seiner Traumbotschaft anzuschließen. Wenn er dann «weiß», so ist dieses Wissen nicht aus rationalen Gleisen und Denkmustern heraus geschehen, sondern beruht vor allem auf gefühlsmäßiger Sicherheit. Traumdeutung wirkt dann, wenn sie das Gefühl erreicht. Alle anderen Traumdeutungen sind dem unendlich vielfältigen Spiel kaleidoskopischer Zusammensetzungen vergleichbar, sind Verwirrspiel und bleiben es so lange, bis die Gefühlssicherheit über das, was den einzelnen angeht, stärker geworden ist. Die Gefühlssicherheit und das Vertrauen in unser Fühlen helfen uns entscheidend, den Traum und seine Botschaft zu verstehen.

Die Amplifikation – das ist die Anreicherung der Traumsymbole durch andere Symboldeutungen aus dem kulturellen Bereich – soll erst später zugezogen werden, denn sie fördert, zu früh angewandt, die Rationalität. Sie leistet allerdings dann gute Dienste, wenn die Traumbotschaft gefühlsmäßig bereits erahnt worden ist. Die amplifikatorische Erweiterung unterstreicht, macht gewichtiger und stellt das Geträumte in einen menschheitsgeschichtlichen Zusammenhang. So etwas wie ein Traumlexikon oder ein Traumwörterbuch, das, schlägt man an entsprechender Stelle nach, die feste Bedeutung eines Symbols lieferte, gibt es hingegen nicht. Ein Symbol kann die mannigfaltigsten Bedeutungen haben, und jene, die gültig ist, ergibt sich aus dem Zusammenspiel der Einfälle des Träumers, des Traumkontexts, der Intervention des Therapeuten. Bei Bildern, die abseits der persönlichen Erfahrung stehen, d. h. über diese hinausweisen und in den Zusammenhang kollektiv gültiger Symbole gehören, wird man natürlich auch noch diesen durch Amplifikation gewonnenen Sinn herbeiziehen. Für kollektive Symbole gibt es das Wissen der Menschheit, das befragt werden muß, um zu deren Deutung hinzufinden. Ein kollektives Symbol ist beispielsweise das Kreuz. Sein Sinn ist eingebunden in den Sinnzusammenhang der christlichen Lehre und außerdem vernetzt mit Kreuzbedeutungen anderer Kulturen und Religionen. Und, um beim Thema zu bleiben, ist natürlich auch das Kind in gewissen Aspekten ein kollektives Symbol, insofern Religionen und Mythologien Gottgestalten oft in Kindform darstellen. Man denke, einmal abgesehen vom Jesuskind, an Apollo und Hermes, zu deren Mythus ganz wesentlich auch ihre Kindgestalt gehört (siehe S. 124 ff.).

Eine Traumdeutung ist nie etwas Gemachtes, etwas, das durch logische Schlüsse Schritt für Schritt zu erreichen wäre. Eine Traumdeutung im besten Sinne deutet auf etwas hin, sie fällt nach geduldigem Umkreisen der Bilder ein, sie ergibt sich, sie trifft uns plötzlich und ist schließlich einfach «da». Das bedeutet aber nicht, daß man nur passiv abwarten kann, bis sich etwas einstellt, das ist in den seltensten Fällen so; die Aktivität ist lediglich eine andere, nicht die gewohnte zielgerichtete, sondern die zirkuläre, meditative, die sich dem Traumsinn aus schwebender Aufmerksamkeit heraus allmählich nähert.

Die Überlegungen zu den in den folgenden Kapiteln vorkommenden Träumen stellen nicht etwa den Ablauf einer Analyse und der therapeutischen Praxis dar. Wir halten den Analysanden keine kleinen Vorträge, und auch sie arbeiten ihre Erfahrungen und Erkenntnisse am beziehungsweise über den Traum nicht zu kleinen Aufsätzen aus. Wenn hier nun kleine, skizzenhafte Betrachtungen zu einzelnen Träumen folgen, haben sie allein den Zweck, all das aufzuzeigen, was zu einem Traum gesagt werden kann. Sie haben den Sinn, den Leser auf die Schönheit und oft erstaunliche Aussagekraft der Träume hinzuweisen und ihn anzuregen, in aller Freiheit über die eigenen Träume nachzudenken. Ich sage absichtlich «in aller Freiheit», denn ich halte dafür, daß die Beschäftigung mit den Träumen in Freiheit erfolgen soll, frei von Zwängen, frei auch von der hartnäckigen Absicht, immer etwas Tast- und Greifbares, etwas Nützliches aus dem Traum ziehen zu wollen.

Träume, die nicht wahrgenommen und nicht gewürdigt werden, sind Briefen zu vergleichen, die man ungeöffnet in den Papierkorb wirft. Briefe sind dazu da, um gelesen, Träume, um betrachtet und meditiert zu werden. Meist bringen Briefe Mitteilungen, die nicht ein ganzes Leben verändern, sondern eingebaut sind in den täglichen Lauf der Dinge. So ist es auch mit den Träumen. Sie gehen uns etwas an, bis der nächste Traum kommt. Daneben gibt es natürlich die sogenannten großen Träume; diese bleiben in unserer Erinnerung oft jahrelang, ja, manchmal ein Leben lang haften. Sie sind jenen Briefen vergleichbar, die wir, weil kostbar, aufbewahren, Briefen auch, deren Botschaft von einschneidender Bedeutung ist.

Kind und Kindheit

Viele Menschen fühlen sich um ihre Kindheit betrogen. Wir haben indes kein Anrecht auf eine glückliche Kindheit, wir haben aber das Recht darauf, eine unglückliche zu beklagen, zu betrauern, und schließlich ist uns die schwierige Aufgabe gestellt, unsere Kindheitsgeschichte zu integrieren und damit unsere Eltern vom Podest der Übermächtigkeit und Gottähnlichkeit herabzuholen und sie als Menschen wie unsereiner zu betrachten. – Solche Schritte können uns freimachen, unser inneres Kind zu bejahen und spontan an unserem Leben teilnehmen zu lassen.

In diesem Kapitel möchte ich zunächst Ausschnitte aus einer Analyse schildern, dabei beschränke ich mich auf die Themen Kind und Kindheit, wie sie in den Träumen erscheinen. Dieser Blickwinkel, das sei vorausgenommen, kann durchaus die Fülle der Ereignisse spiegeln und eine zwar geraffte, aber in den Hauptzügen vollständige Darstellung der komplexen Vorgänge in der Analyse geben. Es kommen hier auch allgemeine und charakteristische Gesichtspunkte zum Thema Integration der Kindheit zur Sprache, doch auch diese immer im Zusammenhang mit den Träumen, die sich als Wegweiser erwiesen und oft dunkle Keime zukünftiger Ereignisse waren. Daran schließen sich zwei weitere Abschnitte an, wovon der eine vom Einfluß der Elternphantasien auf das Kind handelt und der andere dem Thema des kranken Kindes gewidmet ist.

Von einem Kind, das nicht Kind sein durfte

Blicke ich auf Bernhard und seine Analyse zurück, so hat sich meinem Gedächtnis vor allem die Erinnerung an einen Menschen, der sich um seine Kindheit betrogen fühlte, eingegraben.

Bernhard war 24 Jahre alt, als er zu mir kam. Er wolle sich näher kennenlernen und schilderte mir in der ersten Stunde Schwierigkeiten mit seinen Eltern. Er sprach auch davon, stets das Gefühl zu haben, alles falsch zu machen. Seine Redeweise war stockend; in den langen Pausen fiel er jeweils wieder resigniert in sich zusammen und versank in ein gespanntes Schweigen.

Wie es sich zeigen sollte, litt Bernhard unter einem stark negativen Vaterkomplex. Er war in einer übermäßigen Weise an seinen Vater gebunden, darüber hinaus erlebte er Väterliches, wo immer es ihm begegnete – an der eigenen Mutter, Autoritätspersonen, Institutionen –, außerordentlich negativ. Ein Vaterkomplex ist (und das gilt für alle Komplexe schlechthin) immer etwas Vielschichtiges und läßt sich nie allein auf den persönlichen Vater und auf eine einzige Einflußquelle zurückführen. Für Bernhard hieß Vaterkomplex zunächst einmal eine übermäßige Bestimmung durch väterliche Qualitäten, die er negativ und lebensverneinend erlebte. Damit in Zusammenhang stand, daß er dem Irrationalen und Gefühlserfahrungen nicht traute und nur ungenügend Zugang zu seinen eigenen weiblich-gefühlshaften Seiten hatte. Weiblich-Mütterliches im positiven Sinne scheint er in seiner Kindheit zu wenig erfahren zu haben, da seine Mutter sich dem Vater in allem untergeordnet habe und selber sehr stark objektiven Werten verpflichtet gewesen sei. Bernhard zeigte das Bild eines psychisch gelähmten und gefangenen Menschen. Symptomatisch äußerte sich diese Tatsache in Angst und Engegefühlen, in Asthmaanfällen und traurig depressiven Verstimmungen. Subjektiv erlebte er sich als Versager, fühlte sich unsicher, handlungsunfrei und ständig kritisch beobachtet und verurteilt.

Aus seiner Lebensgeschichte ging hervor, daß zu Hause eine Atmosphäre wohlanständiger Bürgerlichkeit geherrscht hatte und größter Wert darauf gelegt wurde, nach außen hin angepaßt zu erscheinen. Diese Ausrichtung auf kollektive Werte bekam um so mehr Gewicht, als die Familie zu einer Zeit, wo Bernhard und seine Geschwister noch klein waren, aus dem Ausland in die Schweiz übersiedelten. Als Fremde mußten sie sich besonders bemühen, sich an die Sitten und Gebräuche ihrer neuen Heimat anzupassen. Konfessionell war die Familie protestantisch, doch wurde von beiden Eltern einem pharisäerhaften Protestantismus gehuldigt; ja, die Religiosität der Mutter grenze an Fanatismus, meinte Bernhard. Die Kinder waren stets dazu angehalten worden, Sonntagskinder zu sein. Man wollte – und konnte es auch – Staat mit ihnen machen, gegenüber Verwandten und Freunden wurden sie zu Vorzeigeobjekten. Bernhard und seine Geschwister paßten sich mühelos an; von sich aus hätten sie jeweils am Sonntagmorgen den Frühstückstisch gedeckt. Dem Erleben Bernhards zufolge hatten die Kinder stets dankbar zu sein; durch ihre Dankbarkeit und Folgsamkeit versicherten sie sich der Liebe ihrer Eltern. Bis zu seinem zwanzigsten Lebensjahr durfte Bernhard außerdem abends nie ausgehen.

Die zu Hause gepflegten Ideale waren Vollkommenheit, Pflichtbewußtsein, Reinheit, Tapferkeit, Traditionsbewußtsein und vor allem absoluter Gehorsam gegenüber den Eltern und Gott. Gefühle wurden wenig beachtet, sie mußten unterdrückt werden. Bernhard erinnerte sich, daß er oft allein gelassen wurde; er habe sich im Dunkeln gefürchtet, worüber sich seine Eltern lustig machten. Einmal seien sie in der Dämmerung spazieren gegangen, da hätten sich die Eltern hinter einem Holzstoß versteckt und ihn dann absichtlich erschreckt, um ihm die lächerliche Angst auszutreiben. Es war ihm auch erinnerlich, daß man eines Tages einfach seinen Schnuller wegwarf, ohne auf sein Weinen einzugehen. Noch tiefgreifender war das folgende Ereignis: Bernhard besaß einen heißgeliebten Teddybären. Als er etwa sechs Jahre alt war, warf ihn die Mutter eines Tages kurzerhand in den Ofen, angeblich, weil er schmutzig und unansehnlich geworden war. Damit hatte sie ihn nach seinem Erleben auf grausame Art und Weise seines Trostgefährten beraubt.

Bernhard empfand als Kind auch große Angst vor einem Bach. Der Vater habe ihm diese unmännliche Angst abgewöhnen wollen und ihn über den Bach gehalten. Da sei er in Angst und Panik geraten, habe wie wild geschrien, jedoch ohne auf die Einfühlung seiner Eltern zu stoßen. – Dem Freiheitsbedürfnis des Kindes wurde wenig Rechnung getragen. Es setzte jeweils drastische Strafen ab, wenn er nicht gleich von der Schule nach Hause kam oder mit seinem Rad über die von den Eltern abgesteckte Zone hinausfuhr. Das Rad wurde ihm dann für vier Wochen entzogen. Durch ein Telephonnetz, so erinnerte sich Bernhard, habe man immer gewußt, wo sich die Kinder aufhielten, und es habe nie lange gedauert, bis man diese Verbindungen in Betrieb gesetzt habe. – Schlittelten die Kinder im Winter auf der nahegelegenen Wiese, so beobachtete sie der Vater mit dem Feldstecher vom Balkon aus und konnte ihnen dann bei der Heimkehr all ihre Stürze und Unartigkeiten aufzählen. – Kameraden durfte Bernhard nicht nach Hause bringen. Oft habe er sich deshalb einsam gefühlt und in der Folge Spiele für zwei Kinder erfunden und gespielt, wobei er sich den Spielgefährten imaginiert habe.

In bezug auf seine aktuelle Lage erfuhr ich, daß er vor kurzem gegen den Willen seiner Eltern von zu Hause fortgezogen war und nun, ebenfalls zum Mißfallen seiner Eltern, mit seiner Freundin zusammenwohnte. Er hatte überdies unlängst seine berufliche Ausbildung als Fernmelde-Ingenieur abgeschlossen, wollte aber nicht in einer Institution arbeiten. Er fühlte sich vom Bürokratismus und der Personalpolitik stark bedroht, revoltierte dagegen und zog es schließlich vor, weit unter dem Niveau seiner Ausbildung stehende Gelegenheitsjobs anzunehmen. Frei und ungebunden wollte er sein und begann, ein Leben als Aussteiger in Alternative zu allen überkommenen

Werten zu leben. Die Werte, denen er als Aussteiger nachlebte, waren indes sehr stark von Paradiesesphantasien geprägt und trugen den Stempel einer unrealistischen Ideologie. Sein Verhältnis zur Gegenwart war demnach durch Wut und Revolte gekennzeichnet, aber auch durch Unsicherheit, Angst und Rückzug und schließlich durch überhöhte Paradiesesvorstellungen und der Sehnsucht nach einer heilen Welt. Wie mir schien, holte Bernhard in seiner Revolte einst nicht erlaubte Pubertätsproteste nach. Außerdem bekam ich den Eindruck, daß seine Unsicherheit und Angst bereits das Erleben seiner Kindheit geprägt haben mußten. Wut und Ohnmacht gehörten wohl auch zur Erfahrung des einstigen Kindes, allerdings waren die entsprechenden Äußerungen niemals erlaubt gewesen und mußten unterdrückt werden. – Bernhard erlebte seine aktuelle Umwelt als Ausdruck restriktiver Elternfiguren, und die als traurig erlebte Geschichte seiner Kindheit erfuhr so je und je Neuauflagen; das Kind von einst lebte noch in ihm, mit seiner Wut, Angst und Ohnmacht, mit seiner Sehnsucht aber auch nach einer besseren Welt. Dieses Kind, das nie gehört worden war, bestimmte Bernhards Lebensgang und führte ihn in Situationen, die jenen der Kindheit glichen. Nur auf diese Weise konnte dieses ihm, Bernhard, noch unbewußte Kind seine Geschichte erzählen und darauf aufmerksam machen, daß es das Gefühl hatte, übermäßig tyrannisiert zu werden und um sein Kindsein geprellt worden zu sein.

Zu Beginn seiner Analyse hätte Bernhard den eben geäußerten Gedanken, daß das einstige Kind in ihm nach Gehörtwerden und Anerkennung schrie, weit von sich gewiesen. Diese Zusammenhänge waren ihm weitgehend unbewußt. Er wurde sich nicht bewußt, daß wenn er gegen das Militär und andere Obrigkeiten wetterte, er im Grunde genommen gegen die Väter seiner Kindheit, verkörpert in seinem eigenen Vater und im patriarchalen Wertsystem seiner Mutter, revoltierte. Gestern und heute waren in seinem Erleben nicht unterschieden, und es sollte die Dauer seiner Analyse ausmachen, diese Trennung von Gegenwart und

Vergangenheit herbeizuführen und ihm ein Lebensrecht einzuräumen, wonach er sein durfte und beginnen konnte, lebendig unterwegs zu sein.

Verlauf der Analyse im Licht der Kind-Träume

Im ersten Traum, den Bernhard in die Analyse brachte, hieß es:

Kinder schlitteln, eines von ihnen stürzt, was ich ägerlich bemerke und gar nicht für nötig finde. – Dann komme ich mit andern Menschen auf eine Anhöhe, wo sehr viele Leute bei einem Baum versammelt sind. Man fragt mich, warum ich nicht beim Militär sei. Dann taucht plötzlich ein Mann auf, der einen Schulkameraden von mir aus der Menge herausruft. Offenbar hat er etwas verbrochen. Er wird auf ein Brett gelegt, Gesicht nach unten. Nun macht sich der Mann daran, mit seinen Füßen glühende Kohlen hinter seine Ohren zu pressen. Ich unternehme nichts dagegen.

Dieser Traum spricht zwar von Kindern und einem jungen Burschen, enthält aber keine direkte Aussage über Bernhards Kindheit. Doch wie sein Vater vormals über ihn, ärgert sich Bernhard über die Unachtsamkeit kleiner Kinder. Der Traum wies darauf hin, daß sein Vater auch in ihm lebte, daß er sich die väterlich strenge Art zu eigen gemacht hatte und mit ihr identifiziert war. Im zweiten Traumabschnitt wird ein Knabe sadistisch mit glühenden Kohlen bestraft. Ich war an die Eltern Bernhards erinnert, die ihn in ebenso sadistischer Art in der Dunkelheit erschreckten, um ihm die Angst auszutreiben.
Indirekt nur wies dieser Traum auf Bernhards Kindheit hin. Es gab in den vielen Träumen der Anfangsphase seiner Analyse keinen, der direkt von der Erfahrung des einstigen Kindes sprach. Dies trifft jedoch nicht nur für Bernhard und seine Analyse zu, es handelt sich dabei um ein Phänomen, das in der therapeutischen Praxis immer wieder anzutreffen ist: die Träume sprechen in der Regel weder direkt vom Kind noch von seinen damaligen Erlebnissen und Erfahrungen. Das Traumgeschehen bestätigte damit

die bereits von Freud gemachte Beobachtung, wonach die für uns wesentlichen Erinnerungen verdrängt sind. In den Träumen ist nach Freud der sogenannte Zensor am Werk, der die affektiven Gegebenheiten in einer Weise verschiebt und verfremdet, daß sie von unserem Bewußtsein nicht mehr erkannt werden können. Dasselbe geschieht mit Tagesereignissen. Unser Erinnerungsvermögen über die Kindheit ist tendenziös, häufig wird nur bewahrt, was nebensächlich ist, «während», so Freud, sich für «die wichtigen, eindrucksvollen und affektreichen Eindrücke dieser Zeit (häufig, gewiß nicht allgemein!) im Gedächtnis der Erwachsenen keine Spur vorfindet» (Freud, S. 51). Die Kindheitserinnerungen sind oft «Deckerinnerungen» für andere, wirklich bedeutsame Eindrücke, die sich nur durch die psychologische Analyse erschließen lassen.

So war es denn auch in Bernhards Fall. Die direkte Erinnerung an die Kindheit erschöpfte sich nach einigen eindrucksvollen Schilderungen, und in seinen Träumen war vom Kind und seinen Erlebnissen nur *indirekt in verschobener Weise* die Rede. Vater und Mutter erschienen lange Zeit nicht unmittelbar in den Träumen. Die väterlichen Qualitäten zeigten sich jedoch dargestellt an Polizisten, Schulhausabwarten, Lehrern, Pfarrern, Militärpersonen. Sie alle hatten etwas Tyrannisches an sich, was deren jeweiliges Gegenüber zu einem Kind degradierte. Dafür sprechend ist der folgende Traum:

Vorne im Klassenzimmer – es ist so groß wie ein Filmsaal – steht ein Tyrann. Alle, die im Zimmer sitzen, wissen, daß es verboten ist, sich im Stuhl zu bewegen oder zu sprechen.

Unbewußt ist Bernhard noch ein Schüler, ein Kind, und erlebt sich – wie damals – einer destruktiven Übermacht ausgeliefert.

Ein weiterer Traum spricht vom Wertsystem, das einem Jungen aufgezwungen wird. Tatsächlich erlebte Bernhard dies am eigenen Leib. Prägend waren all jene Szenen, in denen der Knabe sein Erleben mit Gefühl mitteilen wollte, aber von seinen Bezugspersonen nicht gewürdigt und die Aussage sofort auf eine objektive, allgemeine Ebene gehoben wurde. – Das geschieht zum Beispiel dann, wenn wir einem Menschen auf seine Betroffenheit und seinen Schmerz hin eine allgemeingültige Wahrheit sagen, daß aller Schmerz sein Gutes in sich trage und ähnliches. Auf diese Art und Weise verlassen wir unser Gegenüber emotional und nehmen es in seiner Traurigkeit nicht wahr. Zu schnell werden patriarchale Haltungen angeboten, dies zum Preis mütterlich-fürsorglicher Einstellungen. Nach diesem Muster war auch Bernhards Erziehung erfolgt, was in ihm das Erleben erzeugte, emotional verlassen zu sein. Doch zurück zum angekündigten Traum über das aufgezwungene Wertsystem:

Ich würde gerne in ein fremdes Land eingelassen, doch man verweigert mir die Einreise; auch zu Hause fühle ich mich nicht sehr wohl. Ich werde ständig von einem Polizisten überwacht, er droht mir mit Buße. Dann ist noch jemand da, ein Knabe. Es sind jedoch nicht allein seine Eltern, die mit diesem Knaben schimpfen, sondern es wird ihm auch von der Großmutter ein Dogma aufgedrängt.

Auf zwei weitere Merkmale sei noch hingewiesen. Im Traum erlebt sich Bernhard von der Polizei überwacht. Das Kindheitserleben wird *als etwas Aktuelles* geschildert. Auch das ist ein Phänomen, das sich im allgemeinen zeigt. Man träumt nicht unterschieden von der Kindheit, im Gegenteil, es ist noch so, wie es damals war. Solche Träume zeigen, wie die Vergangenheit unbewußt noch in die Gegenwart hineinragt und deren Erleben auf weite Strecken hin bestimmt.

Neben den Verschiebungen auf andere Personen und Örtlichkeiten zeigen die Träume das Kindheitsgeschehen oft in allgemeiner Form und *archetypisch überhöht*. Das heißt, die wichtigen Faktoren werden nicht an einer Person aus dem Alltagsleben, sondern an typischen Figuren der Geschichte und der Mythologie abgehandelt. In Bernhards Fall erschien sein Hauptkomplex, der des Vaters, in Gestalt von Adolf Hitler, als einer historischen Figur, die in ihrer destruktiven Macht für eine ganze Zeitspanne und ein ganzes Kollektiv väterliche Symbolfigur war:

Zu zweit schaue ich im Traum zum Himmel. Plötzlich wird aus einer Wolke ein Gesicht mit scharfen Zügen. Das Gesicht kommt mir bekannt vor, und ich erkenne zunächst den Leiter unserer Gruppe, dann aber kurz darauf das Antlitz Adolf Hitlers. Ich habe Angst, ein neuer Krieg könnte ausbrechen.

Adolf Hitler spielte im Leben Bernhards keine Rolle, weder sein Leben noch jenes seiner Eltern war von Hitler und dem Zweiten Weltkrieg direkt betroffen gewesen. Hitler steht in Bernhards Traum für eine kollektive Größe destruktiver Macht. Er erscheint am Himmel – so wie ein alter Himmelsgott – und erreicht dadurch noch größere Bedeutung. In einem anderen Traum ist es das Gewitter, Domäne alter Wettergottheiten – man denke an Zeus, der die Blitze warf –, das Bernhard bedroht:

Ich bin allein in einer Hütte. Ein schreckliches Gewitter zieht plötzlich über mich hin. Ich habe fürchterliche Angst. Ich bete zu Gott, er möge mich verschonen. Gott erhört mich – oder habe ich einfach Glück gehabt?

In einem weiteren Traum ist es eine unpersönliche eiserne Faust, die Bernhard niederdrückt und am Leben hindert; es ist der eiserne Griff einer überdimensionierten, unbekannten Macht. Auch hier ist das Thema aus dem Alltäglichen herausgehoben und so vom Persönlichen ins Unpersönliche abgewandelt, so daß das destruktive Element in noch gewichtigerer Form in Erscheinung tritt:

Ich liege im Bett in A. Ich möchte gerne aufstehen, spüre aber eine eiserne Faust, die mich zurückhält. Ich versuche es nochmals und nochmals, und jedesmal wird der Druck, der mich zurückhält, stärker. Schließlich gelingt es mir doch, mich aus dem Bett zu kämpfen. Beim Schrank wird der Griff wieder stärker spürbar, so wie wenn man bei Ebbe an den Strand zurückkehren möchte. Dann schaffe ich es endgültig, der Hand zu entkommen. Im Gang treffe ich meine Eltern und will ihnen von meinem Schrecken erzählen. Aber Vater hört schon gar nicht zu und Mutter nur mit einem Ohr.

Doch da ist noch ein kleines Mädchen, das ich nicht kenne, das weint: zum erstenmal hat es seine eigene Leidensgeschichte gehört.

Bernhard ist in diesem Traum deutlich der Unterlegene, auch ist er Sohn und noch kein Erwachsener. Das Unbewußte registrierte hier auf drastische Weise, welchen übermächtigen Gewalten er sich ausgeliefert fühlte. (Zum Mädchen in diesem Traum siehe S. 39.)

Probleme allgemeiner Bedeutung

Halten wir in unserer Betrachtung der Kind-Träume Bernhards einen Moment lang inne und stellen uns drei Fragen von allgemeinem Interesse in bezug auf die Integration der Kindheit.

1. Warum geschieht es, daß in Träumen das Kindheitserleben und seine Verquickung mit den persönlichen Eltern nicht direkt dargestellt wird, sondern auf andere Personen verschoben und oft archetypisch überhöht erscheint?
Als allgemeine Regel kann man sagen, daß, je weiter etwas vom Bewußtsein entfernt ist, es desto eher in den Träumen auf andere Figuren und Örtlichkeiten verschoben ist und verfremdet erscheint. Dadurch schützt sich das Bewußtsein vor schmerzlichen und peinlichen Erinnerungen und errichtet durch diese Verdrängungsmechanismen notwendige Überlebensstrategien. Versetzt man sich in das einstige Kind, so ist es durchaus verständlich, daß es beispielsweise seine Wut verdrängt, denn würde es diese äußern, erntete es Mißbilligung und erführe die Ablehnung seiner Eltern. Die Verdrängung, die bereits in der Kindheit beginnt, ist demzufolge eine unumgängliche Erwerbung, um der Familienideologie gerecht zu werden.
Besondere Erwähnung verlangt die archetypische Überhöhung von Personen, Örtlichkeiten und Problemen. Archetypische Überhöhung bedeutet bisweilen ebenfalls Verschiebung und Ver-

fremdung: die Dinge werden ins Unpersönliche und Typische abgewandelt. – Erscheint, wie in Bernhards Fall, der persönliche Vater nicht als solcher, sondern als Gewitter, Adolf Hitler und eiserne Faust, so bedeutet das nach Auffassung der analytischen Psychologie C. G. Jungs, daß die persönlichen Eltern nur eine Seite der Wahrheit darstellen, die andere Seite ist eingebunden in die Vater- und Mutterbilder, die in der Seele des einzelnen eingeprägt und dort unabhängig von den Einwirkungen der Umwelt wirksam sind. Diese inneren Bilder bestimmen im selben Maße wie die persönlichen Eltern unser Erleben an Vater und Mutter. Einfacher ausgedrückt heißt das, daß beispielsweise das Erleben am Vater abhängig ist a) von dem inneren Vaterbild, wie es der einzelne von Geburt an mitbringt, und b) vom persönlichen Vater und den Vaterqualitäten der Bezugspersonen. Ein Vaterkomplex hat deshalb neben seiner persönlichen Bedeutung immer auch noch eine allgemeine, archetypische Wurzel und Bedeutung. Diese Sicht gibt eine über die ganz persönliche Erklärung der Kindheitsgeschichte hinausgehende Weite, die dazu führen kann, daß der einzelne nicht in der Elternanklage steckenbleibt, sondern allmählich seine Gewordenheit als das ihm zugehörige Geschick begreift und allenfalls annehmen kann. – Doch auch für die archetypischen Erscheinungsformen, in die das Kindheitserleben einbezogen ist, gilt in der Regel, daß, je archetypischer, desto weiter die Erinnerung vom Bewußtsein entfernt ist und sich demzufolge archetypische Traum-Bilder vor allem in den Anfangsstadien einer Behandlung häufen können.

Verschiebungen und archetypische Überhöhungen in bezug auf das Kindheitserleben haben ihre Schutzfunktion näherhin auch darin, daß sie das oft schwache Ich vor überwältigenden emotionalen Einbrüchen schonen. Erst bei zunehmender Ich-Stärke kann sich der einzelne allmählich die Annäherung an seine früheren Erlebnisse leisten und sie mit ihren oft bedrängenden Affekten heraufkommen lassen.

2. Warum, wenn doch die Träume offensichtlich das Kindheitserleben nicht direkt zur Sprache bringen, liegt soviel daran, daß
in der Analyse trotzdem auf die Kindheit eingegangen wird?
Für Freud bedeutete die Analyse der Kindheit ein Aufdecken
der wahren Verhältnisse; Kausalität, das heißt die Suche nach
den Ursachen, war bei ihm sehr stark mit dem Prinzip der Wahrheit verbunden. Die frühe Psychoanalyse war in ihrem Analytikerbild noch sehr der Vorstellung des Detektivs verhaftet – und
dies gilt auch für den frühen C. G. Jung –, da es darum ging, Ver-
gangenheitsverfehlungen aufzudecken, um mit dem Finden dieser Wahrheit zur Genesung beitragen zu können. In den zwei,
drei Generationen, die seit den Entdeckungen von Freud und
Jung vergangen sind, hat sich das Analytikerbild gewandelt, und
heute sind vermehrt verstehend-weibliche Haltungen anstelle
patriarchaler in es integriert. Man hat sich etwas entfernt von
den Formeln Wahrheit gleich Heilung, Aufdeckung der Gegebenheiten gleich Bewußtseinsveränderung und nimmt die Kau-
salitätssuche nicht mehr so absolut, dies nicht zuletzt im Bewußtsein, daß die Gründe wohl nicht immer zu finden sind. Dies gilt
ganz besonders für die Analytische Psychologie C. G. Jungs, in
welcher das persönliche Moment der Biographie nur eine Seite
der Wahrheit darstellt, während die andere Seite in einem überpersönlichen – allgemein menschlichen – Unbewußten gründet.
Trotzdem ist die Auseinandersetzung mit der Kindheit in vielen
Fällen – auch in jenem Bernhards – außerordentlich wichtig. Sie
ist deshalb so sehr wesentlich, weil das Gefühlsinventar des einstigen Kindes vom heutigen Erwachsenen nicht unterschieden ist
und es gerade diese Gefühle sind, die unbewußt seine Schritte in
einer oft ungünstigen Weise beeinflussen. Trotz intellektueller
Unterscheidung von den Eltern verhält sich der erwachsene
Mensch oft noch so, als wäre er noch deren Kind, und projiziert
den Elternkomplex auch auf andere Menschen und Gegebenheiten. Bernhard zum Beispiel sah in jeder Autoritätsperson eine
destruktive Vatergestalt und nahm unbewußt auch an, daß Institutionen große Väter seien, deren unpersönliche Wirkung die

eines unterjochenden Vaters sei. Das wirkte sich auf seine Lebensbewältigung außerordentlich ungünstig aus, in dem Sinne nämlich, daß er nie zu einem unbelasteten und ihn auch gelten lassenden Verhältnis zu seinen Obrigkeiten fand, deshalb revoltierte und den Weg ins Erwachsenenleben nicht gehen konnte. Es war also wesentlich für ihn, zwischen der Vergangenheit und der Gegenwart unterscheiden zu lernen und den eigenen Vater von den Vatergestalten seiner Umgebung als unterschieden wahrzunehmen. Diese Unterscheidung ist das eine, das andere ist die Einsicht, daß die Emotionen wie Wut, Ohnmacht, Angst und Trauer einst ganz bestimmten Personen, meist den Eltern der Kindheit, galten. Durch die Elternanklage muß man «hindurch», um zu einem unbelasteten Verhältnis zu Vater und Mutter zu finden. Des weiteren ist es für die Ganzheit der Persönlichkeit entscheidend, daß man die verschiedenen Emotionen, die man aus Rücksicht auf die Familienideologie ein Leben lang unterdrückte, integriert und einen freieren Umgang mit ihnen finden kann. Sind der Elternkomplex und die Kindheit nicht analysiert, so kann man mit den eigenen Emotionen, besonders mit den sogenannten negativen, nicht angemessen umgehen. Entweder überrollt einen beispielsweise die Wut oder man fürchtet sich derart vor den eigenen Aggressionen, daß man sie nicht mehr zu äußern wagt und somit einer wichtigen affektiven Qualität verlustig geht und aggressionsgehemmt wird.

Die Wiederentdeckung der Kindheitsgeschichte ist nach meinem Dafürhalten nicht so sehr deshalb wesentlich, weil man die Gründe entdeckt, die unser Verhalten prägen, sondern weil die damit verbundene Affektivität integriert werden kann und das arglose Fühlen und Sich-fühlen-Können wieder in einer vollständigeren Weise, als es bisher möglich war, neu entdeckt wird.

Ferner halte ich es für wichtig, daß man seine eigene Geschichte nicht nur kennt, sondern auch versteht. Dies aus drei Gründen. Versteht man seine Gewordenheit, eröffnet sich ein Verständnis für die eigenen Eltern und deren Fehler (welche Eltern machen keine?). Aus Göttern können Menschen werden, und Toleranz kann sich auftun. Der zweite Grund liegt darin, daß bei durchgearbeiteter Kindheitsgeschichte eine Verankerung in der Zeit – in der Vergangenheit – gefunden werden kann. Und drittens finde ich, daß das Verständnis für die eigene Geschichte auch Verständnis und Toleranz für die eigenen Ungereimtheiten und Komplexe schafft. Wer verstanden hat, wie «alles gekommen ist», entwickelt eigene Akzeptanz und die so lebensnotwendige Einfühlung in sich selber.

Eine solche Einfühlung zu entwickeln, war vor allem auch für Bernhard wichtig, behandelte er sich doch häufig selber so negativ, wie man einst mit ihm umgegangen war, schimpfte auf sich und ließ keinen guten Faden an sich gelten. In dem auf Seite 34 referierten Traum von der eisernen Faust, die den Träumer brutal zurückhält, erscheint am Schluß ein kleines Mädchen, das weint. Von ihm heißt es im Traum: «Zum erstenmal hat es seine eigene Lebensgeschichte gehört.» Dieses Traumstück nahm die sich bei Bernhard allmählich im Bewußtsein einstellende tolerantere und mitfühlendere Haltung sich selber gegenüber voraus. Es ist bezeichnend, daß es sich um ein Mädchen handelt. Die weiblich-mitfühlenden Seiten waren bei Bernhard verdrängt gewesen; er, der stets seine Angst verdrängen mußte, hatte es sich abgewöhnt, zu fühlen, sich selber zu fühlen und sich in Grenzen bemitleiden zu können. Statt sich immer nur zu beschimpfen, war es wichtig, daß sich allmählich die Fähigkeit entwickelte – symbolisiert im weinenden Kind –, auch über sich und seine Kindheit echt trauern zu können, um dadurch für andere Lebensaufgaben frei zu werden.

3. Wie kommt man in der Analyse an die Kindheitserlebnisse heran, wenn doch die Träume zumindest bei Beginn der Analyse nicht direkt von diesen sprechen und außerdem das Erinnerungsvermögen mangelhaft und tendenziös ist und sich oft hinter Verfremdungen verbirgt?
An die Kindheitsgeschichte kommt man in der Analyse weder durch Befragung noch durch die Träume allein heran. Was bleibt

also noch offen, um mehr zu erfahren und um das Verständnis des Analysanden für sich selbst vermehrt fördern zu können? Wenn ein Mensch wie Bernhard seine Umgebung unbewußt und illusionär als despotischen Vater wahrnimmt und überall Polizisten, Militärpersonen und Lehrer sieht, so liegt es nahe, daß er auch seinen Analytiker unter diesem Vorzeichen sieht. So war es denn auch bei Bernhard und mir, ich wurde für ihn wahlweise auch zum «Vater», und die Erfahrungen seiner Kindheit erfuhren in der Analyse Neuauflagen. Technisch nennen wir dieses Geschehen Übertragung. Mit anderen Worten: der Analysand überträgt das Bild seiner Eltern auf seinen Analytiker und erfährt sich nochmals als einstiges Kind. Die Übertragung beeinflußt natürlich auch den Analytiker in einer gewissen Weise, und es kann durchaus vorkommen, daß er, um beim Fall von Bernhard zu bleiben, entsprechende Vaterreaktionen in sich fühlt. Diese Reaktionen können mit seinen eigenen Komplexen zu tun haben, können aber auch mit dem Analysanden verknüpft sein, der es unbewußt darauf anlegt, seinen Analytiker wie seinen Vater reagieren zu lassen. Diese inneren Reaktionen des Analytikers auf den Analysanden hin nennt man Gegenübertragungsgefühle. Indem nun in der Analyse ein besonderes Augenmerk darauf verwendet wird, was sich in der Interaktion zwischen Analysand und Analytiker tut, erfahren wir manches Wichtige über die Kindheit des Analysanden (vgl. M. Jacoby). Dazu ein Beispiel:

Schon sehr bald nach Beginn der Analyse brachte Bernhard einen Traum, in dem eine alles überwachende Kioskfrau vorkam. Er fühlte sich von ihr – wie von seinem Vater – bedroht, kontrolliert und kritisiert. Auch in diesem Traum erlebte er sich als Kind, das man beobachten muß und dem man nicht trauen darf. Es lag nun nahe, diesen Traum auch als Übertragungstraum anzusehen. Wahrscheinlich erlebte mich Bernhard auch als jemand, der in alles hineinschauen und jede Handlung kontrollieren wollte. Darauf angesprochen, reagierte Bernhard mit Erleichterung, und das Geschehen zwischen uns konnte sich entkrampfen. Die Wahrnehmung von mir als Kontrolleurin wurde nun auch auf die unterlagerte Kindheitserfahrung hin angesprochen. Dabei zeigte es sich, daß Bernhard einer übermäßigen Kontrolle durch seine Eltern ausgesetzt gewesen war. Erinnerungen, wie bereits im Zusammenhang mit seiner Biographie geschildert (S. 28 ff.) kamen hervor und konnten besprochen werden. Im Zusammenhang damit belebten sich auch die entsprechenden Gefühle, dessen wurde er sich mehr und mehr bewußt, die zunächst seinen Eltern galten und deren Äußerung in der Vergangenheit ihre Berechtigung gehabt hätten. In dieser Schärfe als Reaktion auf Autoritätspersonen seiner aktuellen Umgebung hingegen waren sie eher unangebracht. Durch verschiedene ähnliche analytische Bearbeitungen seiner Übertragung wurden nicht allein Erinnerungen hervorgelockt, sondern es ergab sich für Bernhard auch die wachsende Fähigkeit, das Heute vom Gestern zu unterscheiden und die Riesenprojektion des Vaters auf seine aktuellen Bezugspersonen allmählich abzubauen.

Nach diesen eher allgemeinen Betrachtungen zur Bearbeitung der Kindheit sei der direkte Bezug zu Bernhards Analyse wieder aufgenommen.

Weiterer Verlauf der Analyse

Allmählich begann Bernhard, sich und seine Komplexe besser zu verstehen, und konnte auch seine Kindheitserfahrungen damit in Zusammenhang bringen.

Als weitere Etappe in bezug auf das Kindmotiv in seinen Träumen zeigte es sich, daß Bernhard selber als eben jenes kontrollierte und manipulierte Kind vermehrt in seinen Träumen erschien. Das Thema löste sich aus der Verschiebung auf andere Menschen allmählich heraus und verwies auf den Träumer selber. Dazu ein Traumbeispiel, das den Übergang vom «Irgend»-Kind zu Bernhard sehr deutlich aufzeigt:

Ein kleiner Junge befindet sich in einem Lift. Sein Vater ist grausam und quält ihn, indem er von außen den Lift manipuliert, langsam und schneller werden läßt und den Knaben so am Aussteigen hindert. Ich bin der Knabe selber. Ich fühle mich furchtbar ausgeliefert. Doch mit der Zeit gelingt es mir, dem Lift aus eigener Kraft zu entfliehen.

Der Traum zeigt in der Aussage «ich bin der Knabe selber» eine entscheidende Bewußtseinsveränderung an, die darauf hinweist, daß Bernhard nun wirklich den Bezug zum einstigen Kind in sich selber aufgenommen hatte. Ebenfalls erschien das Väterliche nun vermehrt in der Gestalt des persönlichen Vaters. Damit einhergehend, zeigten sich Veränderungen im Vaterbild, die für die Erfahrungen Bernhards repräsentativ waren und als wichtige Stationen in seiner Auseinandersetzung mit der Vaterproblematik gewichtet werden konnten. Zunächst wurde eine Differenzierung zwischen dem Vater und dem Archetyp des Vaters deutlich erkennbar. Ist das Vaterbild ununterschieden vom dahinterstehenden Archetyp, so erhält es ein emotional zu bedeutungsvolles Gewicht, das weit über die Wirkung des persönlichen Vaters hinausgeht. Dort, wo das archetypische Element in Erscheinung tritt, bringt es die Gefahr mit sich, das Ich zu überwältigen (im positiven wie im negativen Sinne) und ihm den Standpunkt zu rauben. Der Archetyp ist immer unmenschlich, klischeehaft und dadurch menschliches Maß weit übersteigend. Ist nun, wie in Bernhards Fall, die Wahrnehmung des persönlichen Vaters mit dem archetypischen Bild vermengt, werden eine Intensität und Sprengkraft im Unbewußten aufgebaut, denen das Ich kaum gewachsen ist. Der nächste Traum wies Bernhard an, einmal darüber nachzudenken, in welcher Weise übermächtig er seinen Vater erlebte:

Ich bin zu Hause bei den Eltern. Es ist Abend, beinahe schon dunkel. Ich sitze mit Vater in der Stube und plaudere mit ihm. Er erzählt mir einen Witz, doch ich bin nicht begeistert. Ich versuche, ihm zu erklären, daß ich zwei Seiten in mir habe, eine, die zum Reinen strebt, eine andere, die das Dunkle beeinhaltet, die Lust, die reine Begierde. Dann erzählte ich ihm einen

Traum, in dem mir Dracula erschienen ist. In diesem Moment beugt sich mein Vater über mich und *ist* Dracula. Ich fliehe in panischer Angst ins Elternschlafzimmer.

Als der Vater sich über den Träumer beugt, wird er zu Dracula und erscheint so vermischt mit einem blutsaugenden Vampir, der aus den Horrorfilmen bekannt ist. Er wird zum Schrecken, zum Horror, und die destruktive Macht verdeckt den persönlichen Vater. – Wenn Mütter und Väter so außerordentlich mächtig im Erleben ihrer Kinder erscheinen, hat das damit zu tun, daß das persönliche Elternbild mit den archetypischen Bildern kontaminiert und so an große Kraftfelder angeschlossen ist. Es bedeutet einen entscheidenden Schritt in der Bewußtseinsdifferenzierung, die Eltern als Personen aus den archetypischen Überhöhungen herauszulösen. Gegenüber dem archetypisch Väterlichen zum Beispiel ist man immer das Kind, erscheint jedoch der persönliche Vater, so ist die Möglichkeit gegeben, aus dem Kindschaftsverhältnis herauszuwachsen und in einen partnerschaftlichen Bezug zum Vater zu finden.

Eine weitere Veränderung in Bernhards Auseinandersetzung zeigte sich daran, daß der Vater vermehrt als *persönlicher Vater* in den Träumen erschien. Sie zeichneten ihn ungeschminkt und wiesen deutlich auf Bernhards Kindeshaltung ihm gegenüber hin; als Beispiele seien die beiden folgenden Träume angeführt:

Mit dem Vater fahre ich im Auto über Land, es herrscht reger Verkehr. Ich friere vor Angst, doch Vater versteht mich nicht.

Beim Skifahren komme ich an eine Weggabelung. Nun habe ich keine Ski mehr. Ich gehe nun zusammen mit meiner Freundin durch den Schnee. Meine Mutter kommt uns entgegen, um sich zu verabschieden. Dann kommt eine Gruppe von Leuten, darunter auch Vater. Er schaut mich so an, daß ich weiß, ich muß zu ihm hin; ich beuge mich dem Druck seiner Augen, auch wenn ich es widerstrebend tue.

Im Zusammenhang mit diesem und vielen ähnlichen Träumen begann Bernhard sehr stark seine bislang unterdrückte Wut auf den Vater zu spüren. Es schloß sich eine Periode an, in der er nur noch die negativen Seiten des Vaters sah, und eine intensive, affektiv betonte innere Auseinandersetzung mit seinem Vater begann. In dieser Zeit erfuhr er Wut und Ohnmacht, aber auch Trauer. In der Trauer wurden ihm auch seine überhöhten Forderungen an den Vater bewußt, und er konnte sie schrittweise relativieren. Der Vater wurde mehr und mehr als Mensch gesehen, auf ein menschliches Maß reduziert und erschien schließlich in den Träumen auch in positiver Form. Er hatte plötzlich positive Qualitäten und gab somit Anlaß zur Kompensation des einseitig negativen Vaterbildes. Zwei Träume mögen diese Veränderung zeigen:

Im Familienkreis. Es ist ein verändertes Gefühl. Vater spricht zu meiner Schwester, bittet sie um etwas, was aber eigentlich eine Forderung ist. Ich spreche ihn darauf an. Er reagiert verblüfft, daß ich es wage. Dann ist er aber erstaunlich offen.

Ich befinde mich in einer Gesellschaft mit Vater und vielen anderen Leuten. Wir suchen einen Platz draußen am See. Es ist noch recht kühl, deshalb halten wir Ausschau nach einer Sitzgelegenheit und entdecken ein Bänklein direkt am See. Doch dann müssen wir eine Art Strickleiter hinunter. Alle steigen hinab, nur ich bleibe noch oben, weil ich Angst habe. Vater muntert mich auf, es sei nicht gefährlich. Doch ich fürchte mich vor der Leiter, an deren Seile sich Krebse festhalten. Doch schließlich wage ich es doch. Vater muntert mich weiterhin auf, und ich erreiche den Boden ohne Schwierigkeiten.

In beiden Träumen erscheint der Vater freundlich und geht auf seinen Sohn ein; das Vaterbild hatte sich also in diesem Sinne ins Positive verändert.

Die Auseinandersetzung führte noch zu einem weiteren Schritt. Im Laufe seiner Entwicklung hatte Bernhard den Vater auch verinnerlicht – introjiziert –, und er mußte nun zur Kenntnis nehmen, daß er oft gleich wie der Vater handelte. Dieses Thema zeigte sich in den Träumen auch wieder unter der Motivik des Kindes:

Neben einem Mann ist ein kleines Mädchen, dieses schicke ich, weiß Gott warum, auf die Straße. Ich habe das Gefühl, daß ich es regelrecht dorthin stoße. Am Himmel taucht nun eine Riesenwolke auf, die die Form des Todes hat. Sie tritt in die Nähe des Kindes, das ich anscheinend in den Tod geschickt habe. Das Kind erscheint nun am Himmel und trägt eine leuchtend rote Kugel. Ich habe Angst, der Tod könnte nun auch mich holen. Meine Freundin ist neben mir, und ich suche bei ihr Schutz. «R.», sage ich, «ich habe solche Angst, so große Angst.»

In diesem Traum schickt Bernhard das kleine Mädchen in den Verkehr und schließlich in den Tod. Er ist und handelt also ebenso tödlich bedrohend wie sein Vater. Das kleine Mädchen verstand Bernhard zunächst als seine Gefühlsseite, die er überforderte und zu schnell in den «Verkehr», das heißt unter die Leute schickte. Tatsächlich erlaubte es sich Bernhard nur sehr selten, seine Gefühle einfach einmal arglos und ohne Furcht wahrzunehmen. Er überging sie meist und forderte von sich Anpassung an kollektive Werte und Normen. Darüber vergaß er sich selber vollständig und tötete das Gefühlsleben in sich ab. Wie wichtig jedoch das kleine Mädchen ist, zeigt sich an der roten Kugel, die es in den Händen hält. Die Kugel kann als Symbol des Selbst, der innersten, eigenen Wesensanlage verstanden werden. Übergeht er also seine Gefühle – und so verstand Bernhard die Traumbotschaft –, bedroht er in einer tödlichen Weise das Wertvollste seiner Person, sein Selbst. Dieses Kind im Traum stand nun nicht allein für das Kind, das Bernhard einst war, sondern symbolisierte auch eine potentielle Qualität, seine zukünftigen Möglichkeiten. Diesen Sorge zu tragen, wies ihn der Traum an; sich ihnen gegenüber wie ein guter Vater zu benehmen, war ein wichtiger Gedanke, den Bernhard aus der Betrachtung dieses Traumes mit sich nahm.

Wer dabei ist, die Kindheit zu integrieren, und sich bemüht, das eigene, innere Kind, das sehr oft Träger des Selbst ist, wahrzunehmen, macht die Erfahrung, daß sich im Laufe der Zeit das Verhalten zu den Kindern im Traum ändert. Bernhard, der sich, wie sein Vater, in den Träumen häufig über Kinder ärgerte und ihnen nicht gerecht wurde, nahm andere Verhaltensweisen ihnen gegenüber an, auch tauchten andere, mehr kindgerechte Personen in den Träumen auf, so beispielsweise im folgenden Traum:

Eine Mutter schreit ihr Kind an. Diesem ist der Ball etwas zu weit gerollt. Meine Freundin bringt dem Kind den Ball und sagt ihm, daß das nicht so schlimm sei.

Die Freundin im Traum repräsentierte nicht allein Bernhards Gefährtin, sondern auch eine eigene freundliche Seite, die sich dem Natürlichen und Kindlichen gegenüber angemessen und einfühlend verhalten konnte. – In einem weiteren Traum stand Bernhard selber auf der Seite einer fröhlichen lärmenden Kinderschar und stellte sich so in Gegensatz zu den überkommenen, väterlich negativen Haltungen:

Ich spaziere durch eine waldige Gegend, eine richtige Erholungslandschaft. Da kommt eine Horde von kleinen Schülern, die sich freuen, sich einmal so richtig austoben zu können. Ein älterer Spaziergänger ärgert sich über die Ausgelassenheit. Ob es denn wirklich keinen Ort mehr gebe, wo einer einmal ganz allein für sich sein könne und seine Ruhe finde. Ich meine, mich auch äußern zu müssen, und beziehe Stellung für die Kinder. Ich mache ihn darauf aufmerksam, daß es schlimmere Geräusche gebe als Kindergeschrei, zum Beispiel Motorsägen.

Im Verlauf seiner Analyse gewann Bernhard an Autonomie, wuchs aus der Sohn-Kind-Haltung allmählich heraus und konnte nunmehr seinen Platz in einer Gesellschaft von Vätern einnehmen, ohne daß diese zu verfolgenden und kritisch kontrollierenden Figuren wurden. Die Analyse seiner Kindheit – das Innewerden seiner Erfahrungen am Vater und an der väterlichen Seite der Mutter – erlaubte es ihm nun, seine Eltern vom Tyrann-Gott-Podest herabzuholen und sie als Menschen mit ihrer persönlichen Geschichte zu begreifen. Das Bekanntwerden mit dem eigenen inneren Kind förderte seine Toleranz und seine Einfühlung sich selber gegenüber, führte ihn in einen Trauerprozeß über die geprellte Kindheit, gab ihm die Möglichkeit, sich besser auf sein inneres Kind als Symbol der Gefühlstiefe beziehen zu können und sich in Natürlichkeit und Spontaneität leben zu lassen. Wegweisend, nun selber nicht mehr Kind zu sein, sondern erwachsen sein zu können und es auch zu dürfen, wurde für Bernhard der folgende Traum:

Leute streiten sich darüber, wer einen schweren Sack tragen muß. Das Gezänk wird mir zu dumm, und ich mache mich selber daran, den schweren Sack auf meine Schultern zu heben. Man gibt mir Anweisungen, wie ich den Sack am besten anfasse, ohne mich zu verletzen. Beim Aufheben erreiche ich fast meine Kapazitätsgrenze. Es geht aber schließlich doch. Meine Eltern haben mich unbedingt an meinem Vorhaben hindern wollen.

Die inneren und äußeren Eltern empfand Bernhard als lebenshemmend. Im Traum setzt er sich durch und nimmt in selbstverantworteter Vollmacht seine Lebenslast auf sich. Was hier im Traum als dunkler Keim zukünftiger Handlungen erschien, zeigte sich später in äußeren Schritten, die sich im Umfeld von Familiengründung und beruflicher Kompetenz äußerten. Von einem Menschen, dessen Lebensfreude bedroht war und dessen inneres Kind nicht leben durfte, wurde Bernhard mehr und mehr zu einem Menschen, dem das Dasein auch Vergnügen bereitete und der, wie es in einem Traum hieß, «auf einmal leben wollte».

Aus dem Rückblick auf dieses Kapitel ergeben sich einige Fragen, die für all jene Bedeutung erlangen können, die sich mit ihrer Kindheit und deren Psychologie beschäftigen. Es sind diese Fragen, die jeder an seine eigenen Träume stellen kann:

Wie erscheine ich in meinen Träumen, als Kind oder als Erwachsener?

Was treiben die Kinder in meinen Träumen?

Wie gehe ich mit den Kindern im Traum um?

Wie gehen andere Traumpersonen mit ihnen um?

Wie zeigen sich die Eltern und andere Autoritätsfiguren?

Solche und ähnliche Fragen geben Anlaß, sich durch die Träume besser kennenzulernen und den Bezug zum Kind aufnehmen zu können.

Das geopferte Kind

In diesem Abschnitt möchte ich darauf zu sprechen kommen, wie Kinder häufig zum Opfer der unbewußten Phantasien ihrer Eltern werden. Anders als in den vorangegangenen Ausschnitten aus Bernhards Analyse, wo vor allem die persönliche Geschichte des Analysanden zur Sprache kam, habe ich mir nun vorgenommen, ein Kindheitsproblem auch von der historisch-mythologischen Perspektive her anzuschauen. Dabei wird es sich zeigen, daß auch die Handlungen und Ausdrucksweisen des modernen Menschen eingebunden sind in ewig menschliche archetypische Vorlagen, deren Gestalt zwar endlos variabel ist, deren Gehalt hingegen der nämliche bleibt.

Kindesopfer waren in früheren Zeiten weit verbreitet. Sie dürften sich wohl aus der ungebrochenen Jugendkraft des Kindes erklären lassen, mit der Böses und Schädliches abgewehrt werden konnte. – Ein kurzer Blick auf eine Reihe dieser Praktiken möge uns das Thema näher bringen! Es war früher oft der Brauch, die mächtigsten Glieder einer Gemeinschaft zu opfern – so Könige und Adlige –, um sich des glückhaften Fortbestandes des Volkes zu versichern. Die Schweden beispielsweise opferten ihren König Olaf dem Gott Odin. Von diesen Königsopfern leiteten sich in der Folge dann die Kindesopfer als Ersatz ab. Am naheliegendsten war es, den Königssohn als Opfer darzubringen, später wurde ein beliebiges Kind dafür eingesetzt. – Kinder wurden vor allem aber auch zur Erhaltung der schwindenden Körperkräfte geopfert. Vom schwedischen König Aun wird berichtet, daß er, um dem Alterungsprozeß Einhalt zu gebieten, neunmal jedes neunte Jahr einen seiner zehn Söhne dem Odin opfern ließ. Auf diese Weise soll er sich weit über die menschliche Lebenszeit erhalten haben. Als er jedoch auch den zehnten Sohn als Opfergabe darbringen wollte, weigerte sich das Volk, und auch König Aun mußte den Tod erleiden. – Kinder wurden auch zum Zauber geopfert, so geht von Giles de Laval, einem Alchemisten, die Kunde, er habe dem Dämon, der ihm bei seiner Goldmacherei helfen sollte, gleich zum Einstand das Herz, die Hand und das Blut eines Kindes dargebracht. – Im deutschen Aberglauben findet es sich häufig, daß das Kind noch vor der Geburt einer himmlischen oder dämonischen Macht versprochen wird. In vielen Märchen läßt sich der Niederschlag davon nachweisen: im «Marienkind» (KHM 3) wird das Kind der Jungfrau Maria versprochen, und im Märchen «Das Mädchen ohne Hände» (KHM 31; vgl. Drewermann) übergibt ein Müller seine Tochter einem alten Mann, der sich später als Teufel erweist. – Schließlich sei noch auf die Kinder hingewiesen, die bei Bauopfern Verwendung fanden. Um Häuser und deren zukünftige Bewohner vor Schadzauber zu bewahren, wurden zuzeiten lebendige Kinder eingemauert. Dabei wurde besonderes Gewicht darauf gelegt, sie bei guter Laune zu erhalten, und man gab ihnen deshalb etwa eine Semmel oder ein Stück Schmalzbrot mit (Bächthold-Stäubli, Bd. VI, Sp. 1361 ff.).

Und wie stehen die Dinge heute? Der moderne Mensch führt zwar keine rituellen Kindesopfer mehr durch, doch, so sei gefragt, geht es damit nicht einfach subtiler und unbewußter zu? Wenn man davon ausgeht, daß wohl alle Eltern mehr oder weniger bewußte Phantasien über ihre Kinder haben, und man näherhin erkennt, daß solche Phantasien manchmal eher der Befriedigung eigener unbewußter Wünsche als dem Glück des Kindes dienen, kann der Gedanke nicht übersehen werden, daß auch heute noch die Neigung besteht, Kinder zu «opfern». – Praktisch kann das bedeuten, daß ein Vater oder eine Mutter sich die Erfüllung ihrer Sehnsüchte durch das Kind erhoffen. Beispielsweise muß dann ein Sohn die versteckten Ambitionen seiner Mutter leben und eine Tochter all das an sozialem Aufstieg wettmachen, was der Vater für sein Leben nicht erreichte.

Der Variationen sind unzählige. Falls sich die geheimen Absichten von Vater oder Mutter mit den Talenten des Kindes decken, mag es gutgehen. Verfügt hingegen das Kind nicht über die notwendigen Begabungen, erwachsen ihm Schwierigkeiten; es kann in eine Revolte geraten, aus der es nicht mehr hinausfindet, oder aber es paßt sich allzu willig um den Preis seiner anlagemäßigen Möglichkeiten an. Häufig kommt es leider auch vor, daß bereits kleine und kleinste Kinder für einen Elternteil zum Verfügungsobjekt werden. Ein solcher Vater oder eine solche Mutter erwartet dann vom Kind die idealen Qualitäten einer Elternfigur (die Verhältnisse werden also umgedreht), meistens handelt es sich dabei um unbegrenzte Verfügbarkeit (das Kind folgt aufs Wort) und große Flexibilität (das Kind muß jede Laune der Eltern ertragen).

In all diesen Fällen wird das Kind narzißtisch besetzt, das heißt, Mutter oder Vater binden es in Selbstliebe ein und benutzen es auf diese Weise zu egoistischen Zwecken. So kann es der Selbstliebe der Eltern förderlich sein, ein gut erzogenes, ein studiertes, ein äußerst höfliches Kind vorzeigen zu können. Bei der narzißtischen Besetzung betrachten Eltern ihre Kinder als Eigentum, über das sie rücksichtslos bestimmen und verfügen können. Dabei wird nicht einmal in Betracht gezogen, daß das Kind eine ihm eigene Naturanlage hat, die zu entfalten vornehmste Pflicht der Eltern wäre. Kinder dieserart gebraucht, werden gewissermaßen zu «Filialen» ihrer Eltern und stehen unter Druck, die an sie gerichteten Erwartungen um jeden Preis erfüllen zu müssen (vgl. S. 54; 138 ff.). – Eine wichtige und relativ häufig zu beobachtende Abart des narzißtischen Gebrauchs von Kindern zeigt sich, wenn sich ein Elternteil am Kind rächt, damit aber seine eigene Mutter oder seinen eigenen Vater meint (vgl. S. 164 f.). Auf den einfachsten Nenner gebracht, kann zum Beispiel eine Mutter ihrem Kind gegenüber übermäßig viel Aggression zeigen. Diese Aggression kann aber unbewußt ihren Vater meinen, dem gegenüber sie nie Wut zeigen durfte. Das Kind, das verfügbar und schwach ist (und nicht wie der Vater omnipotent und mächtig), bietet sich dann als das geeignete Objekt an, dem Aggressionen gefahrlos entgegengebracht werden können.

Kinder, auf die genannten Weisen gebraucht, sind recht eigentlich die Opfer ihrer Eltern. Die Götter, denen sie dargebracht werden, sind seelische Mächte, derer sich die Eltern in der Regel nicht bewußt sind.

Wie die moderne Abwandlung eines Kindesopfers in einem Einzelbeispiel aussieht, sei anhand der Geschichte von Peter dargestellt. Peter, einziges Kind von sehr begüterten Eltern, durchlebte eine einsame Kindheit. Seine Eltern widmeten all ihre Arbeitskraft einem blühenden Geschäft und konnten sich nur wenig um den kleinen Jungen kümmern. Ohne Geschwister und fast ausschließlich von Erwachsenen umgeben, kannte er kaum ein vergnügtes Kindsein; dazu kam, daß die Mutter Peters Umgang mit den Dorfkindern nicht gerne sah und diesen, wenn immer möglich, unterband. Peter erinnerte sich daran, daß die Mutter gerne den Ausdruck brauchte, er habe sich wie ein kleiner «Gentleman» verhalten. Das war das höchste Lob, das er erhalten konnte. Fotos zeigen ihn als manierlichen kleinen Jungen mit einem ängstlichen, vorsichtigen Ausdruck auf dem Gesicht.

Als Peter elf Jahre alt war, starb ganz plötzlich sein Vater, und er sollte in der Folge noch stärker als bisher unter den als dominierend empfundenen Einfluß seiner Mutter geraten. Mehr als je zuvor sah sie in ihm nun den Erben des Geschäfts und setzte alles daran, ihn entsprechend zu formen und ausbilden zu lassen.

Peter erinnerte sich nur mangelhaft an die Begebenheiten seiner Kindheit, vor allem aber hatte er kaum Erinnerungen an den Tod seines Vaters und die Zeit vor diesem tragischen Ereignis. Gewisse Einzelheiten waren wohl undeutlich erinnerlich, doch fehlte ihnen jede gefühlsmäßige Note. Diese Gedächtnislücken waren auffällig und riefen nach einer Erklärung: im Laufe der Analyse zeigte es sich, daß Peter wahrscheinlich zu wenig Spiegelung seitens seiner Mutter erfahren hatte. Mit anderen Worten war man nicht genügend auf seine Bedürfnisse eingegangen. Als «gebrauchtes» Kind, das die Elternwünsche erfüllen mußte, gerieten seine eigenen Anlagen und Möglichkeiten zu sehr aus dem Blickwinkel hinaus, und Peter war trotz bester Pflege und konstanter Präsenz seiner Eltern ein emotional verlassenes Kind (vgl. Asper, 1987) gewesen. Wer als Kind emotional verlassen wurde und demzufolge zu wenig Eingehen auf seine Bedürfnisse erfuhr, kennt sich schlecht und hat vor allem wenig Bezug zu dem, was in ihm vorgeht. Die Selbstwahrnehmung ist empfindlich gestört. Wenn all das, was ein Kind beschäftigt, bei den Eltern nicht ankommt und von ihnen nicht gesehen wird, hört es allmählich auf, seine Bedürfnisse wahrzunehmen, und gerät in eine gewisse Selbstentfremdung hinein. Das war auch Peter geschehen und bildete eine wichtige Ursache für sein mangelndes Erinnerungsvermögen an seine Kindheit. Ein weiterer augenfälliger Grund dafür, daß sich die Ereignisse nicht ins Gedächtnis zurückrufen ließen, lag am Tod des Vaters. Kinder, die einen frühen Elternverlust erleiden und denen das Trauern aus mancherlei falscher Rücksichtnahme verunmöglicht wird, gehen meist über den Tod hinweg, als sei nichts geschehen, und später erweist es sich, daß der Todesfall und die Zeit um ihn herum in der Erinnerung fast gänzlich ausgelöscht sind und einer ausgeprägten Amnesie (Erinnerungslosigkeit) unterliegen (Bowlby, 1983). Auch Peters Erinnerungslücken erhielten durch den genannten Gesichtspunkt eine weitere Erklärung.

Die mangelnde Wahrnehmung seiner selbst durch die Eltern, der frühe Vatertod und der damit verbundene verstärkte Einfluß seiner Mutter setzten Peter in einem ganz besonderen Ausmaß der narzißtischen Besetzung durch seine Mutter aus, und die Botschaft, Geschäftsnachfolger zu werden, setzte ihn unter Druck und machte ihn empfänglich für die entsprechenden Erwartungen.

Von den wenigen Erinnerungen, die Peter verfügbar waren, stach jedoch eine besonders heraus: einst, so erzählte er, habe er hinter einer Tankstelle, die sich in der Nähe des Geschäfts befand, ein Feuer entfacht, damit habe er den Geschäftssitz niederbrennen wollen. Aus dieser Begebenheit ließ sich ableiten, daß Peter wohl auch Wut auf seine Eltern hatte, daß er Wut und Abneigung empfand, auf dem Altar der Familientradition geopfert zu werden.

Es waren ein Bild, das Peter malte, und ein aussagekräftiger Traum, die unmißverständlich auf seine Opferrolle hinwiesen. Um einen Eindruck des Bildes zu geben, ist nachfolgend eine Skizze abgedruckt, die in etwa die Atmosphäre des Bildes vermitteln kann.

In einem Burghof, umgeben von hohen Mauern und hoch aufragenden Türmen, steht ein kleiner Junge, der ein überdimensionales Schwert in der Hand hält. Die Isolation und Einsamkeit des Jungen sind augenfällig, ebenso ist der Druck offensichtlich, unter dem er zu stehen scheint. Die Türme, ja, die ganze Burganlage, können als Decksymbol für das Geschäft und die großen Erwartungen, die sich auf ihn «türmten», verstanden werden. – Als kleiner Held steht Peter in der Mitte, das schwere Schwert hoch erhoben. Es war denn auch eindeutig eine Heldenphantasie, die auf ihn projiziert wurde. Diese Heldenphantasie war der unbewußte Machtkomplex, dem er durch seine Mutter zum Opfer gebracht wurde. Das Schwert, Kennzeichen des Helden schlechthin, ist im Original rot ausgemalt und zeigt durch diese Symbolfarbe an, mit welch großem Maß an Lebensenergie das Heldentum des Knaben besetzt war. In diesem Sinne benutzte die Mutter (und wohl auch der Vater) den Jungen und besetzte ihn narzißtisch mit einer Phantasie, die eigentlich zu *ihrer* Psyche gehörte und die *sie* hätte leben sollen, statt sie an das Kind zu delegieren. – Das ausgesprochene Mißverhältnis zwischen der Größe des Schwerts und der Kleinheit des Knaben weisen auf die große Überforderung hin, die Peter unbewußt in seiner Kindheit und darüber hinaus bis ins Erwachsenenalter gespürt haben mußte. Etwas zu Großes war ihm aufgetragen, was nicht zuletzt auch seine erheblichen Insuffizienzgefühle, unter denen er noch als Erwachsener litt, erklärt.

Der oben angekündigte Traum bestätigte dieses Bild der narzißtischen Besetzung, fügte ihm aber noch weitere Züge hinzu. Der Traum lautete:

Ich bin ein ca. fünfjähriges Kind und meiner Mutter am Bein angekettet, was auch den Zweck hat, die Mutter zu stützen. Wir gehen in ein Restaurant. Dort wird die Kette kurz geöffnet, damit ich ein Glas Milch trinken kann. Meine Mutter ist überaus stolz darauf, daß sie mir die besten Lehrer indischer Weisheit, Yogis, zur Verfügung stellen konnte. Außerdem ist sie von Stolz über meine Klugheit und Weisheit erfüllt. Immer noch im Traum denke ich daran, das, was die Mutter mir gibt, nun für meine (nicht für ihre) Zwecke nutzen zu wollen.

Peter träumte sich als Kind, was zum einen auf sein Erleben in der Kindheit hinwies, zum anderen deutlich machte, daß er, obwohl bereits erwachsen, zuzeiten eben immer noch an die Mutter gekettet war. Im Traum heißt es außerdem, daß die Ankettung auch eine Stütze für die Mutter ist. Binden Eltern ihre Kinder übermäßig an sich, so tun sie das selten allein für das Wohl des Kindes, sondern auch, um sich abstützen zu können.

Die Mutter, als konkrete, äußere Person und als Mutterkomplex in seinem Inneren, waren immer noch Mächte, denen sein Leben geopfert wurde. Wenn im oben besprochenen Bild die Heldenphantasie besonders hervorstach, so taucht nun im Traum der Hinweis darauf auf, daß die Mutter auf ihn auch die Phantasie des Weisen projizierte. Auch damit gebrauchte sie ihn und übermittelte ihm unbewußt die Botschaft, daß er nur dann geliebt würde und auf ihren Stolz werde zählen können, wenn er für sie das Leben eines Weisen lebte. Ein erster Unterscheidungsversuch zeigte sich indessen im Traum. Peter will im Traum die von der Mutter zur Verfügung gestellten Mittel wenigstens für sich selber nutzen. Letzteres hat er dann in seinem Leben zu einem Gutteil auch realisieren können.

Aufgrund der Erörterung der Geschichte von Peters Mutter wurde einfühlbar, warum diese Frau derart starke Phantasien über einen großen Mann nährte: als Sproß einer berühmten und mächtigen Familie Amerikas war sie in jungen Jahren nach Deutschland gekommen und heiratete dort einen Mann jüdischer Abstammung. Der Zweite Weltkrieg brachte viel Leid über sie und ihren Mann. Ihr Mann überlebte zwar die Deportation, kam aber gebrochen aus dem Konzentrationslager zurück. Als dann ihr einziger Sohn geboren wurde, widerfuhr es ihr, diesem unbewußt die Phantasien verlorener Größe zu übertragen. Sie entsprangen der Tradition ihres Familienhintergrundes und bezogen ihre Nahrung außerdem aus dem Schicksal ihres Mannes, dem es nach den furchtbaren Kriegsjahren nicht mehr vergönnt war, zu seinem ursprünglichen, kraftvollen Wesen zurückzufinden.

Peter war also den Phantasien nach überragender Männlichkeit und großer Weisheit seiner Mutter zum Opfer gefallen. Es bedurfte einer langen Analyse, um endlich die Befreiung von der Verkettung an seine Mutter zu erlangen und seiner Selbstverwirklichung zustreben zu können.

Wenn ich über Peter und ähnliche Schicksale nachdenke, kommt mir der griechische Held Achilleus in den Sinn. Er war der Sohn des König Peleus und der Nereide Thetis. Die göttliche Mutter wollte ihren Sohn unsterblich machen und hielt ihn nach der Geburt über eine Zauberflamme. Da bereits frühere Kinder bei dem gleichen Vorhaben ein Raub der Flammen geworden waren, war ihr Gatte Peleus auf der Hut und konnte Achilleus in letzter Minute retten. Er überbrachte ihn dem Kentauren Cheiron, der ihn fortan erziehen sollte und dabei Achilleus ein trefflicher Lehrmeister wurde.

Viele Mütter handeln wie Thetis, und zahlreich sind auch die Väter, die Großes für ihre Kinder wünschen. Dabei wird oft das Kind geopfert, und seine Selbstwerdungsimpulse werden abgetötet. Wenn dies geschieht, ist nur zu hoffen, daß das einer unbewußten psychischen Macht dargebrachte Kind vom anderen Elternteil Hilfe bekommt und später einen ebenso kundigen Lehrmeister findet, wie Cheiron einer war.

Kindheit im Zeichen der Krankheit

Die Kindheit kranker Kinder zeichnet sich meist dadurch aus, daß das betroffene Kind die altersgemäßen Entwicklungsschritte nicht optimal durchlaufen kann. So ist es beispielsweise ans Bett gebunden und kann dem für es stimmigen Bewegungsdrang nicht nachgeben. Oder es wird im Spital isoliert und darf von seinen Eltern und Bezugspersonen nicht berührt, umarmt und auch nicht gestreichelt werden, und das in einem Alter, wo die taktile Zuwendung so sehr wichtig ist und das Kind sich fast nur in der zärtlichen Berührung der Liebe seiner Eltern versichern kann. Schließlich kommen bei kranken Kindern oft einschneidende Trennungserfahrungen vor, von denen man heute aufgrund breit angelegter Studien (vgl. Bowlby, 1976, 1983) weiß, daß sie sich auf das emotionale Leben des Kindes außerordentlich ungünstig auswirken und von ihm häufig als Abbruch aller Beziehungen zur Mutter, ja, sogar als deren Tod verstanden werden.

Das kranke Kind ist von der «Mutter Natur» nicht optimal ausgestattet worden und beginnt unter solchen Umständen sein Leben im Zeichen der archetypisch konstellierten negativen Mutter. Ist auf archetypischer Ebene die negative Mutter auf den Plan gerufen, so heißt das für die Psyche ein Bestimmtsein durch einen negativen Mutterkomplex. Das bedeutet näherhin Mangel in verschiedener Hinsicht: zum einen wird die Mutter-Kind-Beziehung gestört, und das Kind empfängt nicht genügend wachstumsfördernde, mütterliche Zuwendung. Das kranke Kind, ans Bett gebunden oder im Spital, kann ganz einfach nicht das gleiche Maß an Mütterlichkeit in seinen Bezugspersonen freisetzen wie das gesunde Kind. Außerdem geschieht es nicht selten, daß eine Mutter durch die Krankheit des Kindes überfordert ist. Lange Nachtwachen, ständiges Herumtragen des Kindes, gestörter Schlaf und Unleidigkeit der Geschwister bringen es mit sich, daß die Mutter gereizt reagiert und das Kind bisweilen ganz gegen ihren Willen frustriert. Zum andern bedeutet ein negativer Mutterkomplex auch das Erleben, keinen soliden inneren Grund in sich zu haben. Das Kind wird verunsichert, gehemmt und kann folglich das so dringend benötigte Vertrauen in sich und die Welt nicht ausbilden. Letztendlich bedeutet der negative Mutterkomplex eine gewisse Frühreife. Das Kind ahmt zu früh erwachsene Haltung nach und wird sich zur Unzeit vieler Dinge bewußt, über die andere Kinder noch nicht nachzudenken brauchen. Solche Kinder wirken verständnisvoll, vernünftig, anpassungswillig und hilfsbereit, dies natürlich auf Kosten ihrer naiven Kindlichkeit und arglosen Spontaneität. Auch spielen Schuldgefühle eine große Rolle, und zwar sowohl auf seiten des Kindes als auch auf seiten der Eltern. Ein krankes Kind wird ganz einfach mehr frustriert als ein gesundes. Im Kleinkindalter verinnerlicht das Kind die Frustrationsereignisse als *Schuld,* und es entstehen die sogenannten primären Schuldgefühle. Bei einem Spitalaufenthalt beispielsweise muß die Mutter das Kind allein zurücklassen. Das bedeutet für das Kind Liebesentzug, den es sich so zurechtlegt: die Mutter liebt mich nicht, ich bin böse und schuld daran. Die Schuldgefühle der Eltern hingegen orten sich in ihrem vermeintlichen Versagen. Sie wissen in der Regel, daß das kranke Kind zu kurz kommt, und fühlen sich zu unrecht schuldig, was ihre spontane Zuwendung zum Kind stören kann. Das kranke Kind ist ein gefährdetes Kind, und Eltern tun in den meisten Fällen ihr menschenmöglichstes, um weitere Beeinträchtigungen zu verhindern. Sie reagieren sehr oft mit Überprotektion. Dadurch wird das Kind zu sehr beaufsichtigt, geschont und vor Gefahren gemahnt. Das verunsichert es und fügt dem ohnehin geringen Selbstvertrauen eine weitere Schwächung zu.

Die angeführten Schwierigkeiten, die einem über längere Zeit und/oder wiederholt kranken Kind begegnen, sind letztlich im Geschick eingebunden, was vor allem Eltern in ihrem Schuldkomplex entlasten sollte. Von Schuld kann nicht oder nur in den seltensten Fällen gesprochen werden. Des ungeachtet kann eine von Krankheit gezeichnete Kindheit über die aktuelle Bedrängnis hinaus Folgen haben, die bis ins Erwachsenenalter andauern. Diese siedeln sich in grundsätzlicher Verunsicherung und Beziehungsstörungen an, äußern sich vor allem aber in einem Verlassenheitskomplex (vgl. Asper, 1987). Jede Krankheit bringt es mit sich, daß das Kind verlassen wird, sei dies für kurze, sei es für längere Zeit. Jeder von einem Verlassenheitskomplex Betroffene versucht später, sein Leben so einzurichten, daß die damit verbundenen quälenden Gefühle nicht mehr angerührt werden.

Auf die zwei typischsten Formen möchte ich kurz eingehen. Es gibt Menschen, die durch ihre Selbstgenügsamkeit auffallen. Sie gehen kaum tiefere Bindungen ein und geben sich selbständig und unabhängig. Dahinter verbirgt sich nicht selten ein Verlassenheitskomplex, der durch den meist unbewußten Leitsatz «Ich genüge mir selber und brauche niemand» abgewehrt und unter Kontrolle gehalten werden kann. Die andere Form äußert sich in einem ausgeprägten Fusionsstreben (Fusion = Verschmelzung), womit der einzelne andere Menschen an sich zu binden sucht und bemüht ist, eine symbiotische Bindung nach dem Muster der Mutter-Kind-Beziehung der frühen Kindheit herzustellen. Auch zeigt sich dabei das Bestreben, andere Menschen von sich abhängig zu machen und sie zu «Dienstleistungen» einzuspannen. Durch diesen Umgang mit den Verlassenheitsgefühlen gelingt es, die Illusion aufrechtzuerhalten, man habe ständig andere Menschen zur Verfügung und sei nicht allein. Beide Formen des Umgangs können auch miteinander beim gleichen Menschen vorkommen.

Nachfolgend möchte ich nun von einer jungen Frau, ich nenne sie hier Monika, berichten, deren Kindheit ganz im Zeichen der Krankheit stand. Bald nach ihrer Geburt wurden die Ärzte auf ihre Hüftluxation aufmerksam. Im Alter von zwei Monaten bekam Monika einen Gips, der ihren Unterleib und die Beine einschloß und das Kind in seiner Bewegungsfreiheit entschieden hinderte. Es konnte sich zunächst nicht mehr bewegen, später nicht mehr gehen, auch das krabbeln war ihm fortan verwehrt. Meist mußte es getragen werden. Der Gips wurde wegen des Wachstums alle sechs Wochen erneuert, was zur Folge hatte, daß Monika jeweils sechs Wochen zu Hause sein konnte und dann wieder für zehn Tage ins Spital mußte. Dies dauerte bis weit über ihren zweiten Geburtstag an, währte also gute zwei Jahre. Anschließend mußte sich Monika einer Operation unterziehen. Während der ersten Jahre ihres Lebens war das Kind auch oft kränklich; Schnupfen, Erkältungen, Grippen und Angina traten häufig auf, so daß es auch außerhalb des Spitals noch der Pflege bedurfte. In diesen Jahren erobert sich das Kind die Welt, beginnt zu kriechen, dann zu gehen, strebt von der Mutter weg und ist in der Regel voller Tatendrang. Monika war dies alles verwehrt. Die sich in regelmäßiger Folge einstellenden Spitalaufenthalte müssen nach all dem, was man heute weiß, traumatisch auf das Kind gewirkt haben. Während der Zeit im Spital konnte das Kind auch kaum Besuch bekommen. Damals ließ man die Eltern nicht wie heute regelmäßig ihre Kinder besuchen und begnügte sich damit, Eltern einmal wöchentlich ihr Kind durch die Glasscheibe sehen zu lassen.

Nach diesen fast gänzlich bewegungsarmen Jahren hatte sich

Monikas Luxation so weit zurückgebildet, daß sie fortan ein normales Leben ohne lästigen Gips und einschneidende Spitalaufenthalte führen konnte. Allerdings ließ ihre Gesundheit weiterhin bis etwa ins achte Lebensjahr zu wünschen übrig. Sie entwickelte sich indes erfreulich, gliederte sich problemlos in den Kindergarten und die Schule ein. Sie war ein in jeder Hinsicht begabtes Kind und brachte die Schule mühelos hinter sich. Schon früh fiel Monika durch ein ausgesprochenes Musiktalent auf, das auch entsprechend gefördert wurde. Nach dem Abitur begann sie die damals eben ins Leben gerufene Ausbildung zur Ergotherapeutin, schloß diese mit Erfolg ab und ließ sich in einer Klinik für behinderte Kinder anstellen.

Jahre später entschloß sie sich zu einer Analyse. Ihre Motivationen waren, sich besser kennenzulernen, das Rüstzeug für ihren therapeutischen Beruf zu erweitern und Einblick in ihre als störend empfundene Neigung zu erhalten, ihre Partner auf symbiotische Weise an sich zu binden.

Die Analyse ging zunächst flott voran. Wir beschäftigten uns mit Monikas Lebensgeschichte, mit ihren Partnerschwierigkeiten und auch mit ihren Träumen. Dann geriet die gemeinsame Arbeit ins Stocken, und Monika kam eines Tages und sagte mir, sie habe sich in der letzten Stunde von mir allein gelassen gefühlt und sei unglücklich und frustriert gewesen. Ich war froh darüber, daß sie mir dies hatte sagen können, und auch darüber, daß ihr aufgrund der Kindheitsgeschichte vermuteter Verlassenheitskomplex in die Übertragung kam und so die Chance erhielt, verstanden und bearbeitet zu werden.

Natürlich hatte Monika mir von ihrer Kindheit erzählt und dabei auch die schwierigen, bewegungsarmen Jahre erwähnt. Auch wußte sie aufgrund ihrer therapeutischen Ausbildung um die möglichen Folgen einer so gravierenden Behinderung. Doch das Wissen darum bringt noch keine Vernarbung der Wunden. – Oft sagen einem Analysanden: Was nützt es mir, wenn ich weiß, daß es in meiner Kindheit so war, dieses Wissen bringt mir ja doch keine Veränderung! Wie recht haben sie alle mit diesem oder ähnlichen Aussprüchen! Erst wenn das mit den frustrierenden Erlebnissen gekoppelte traurige Erleben in der Übertragung aktiviert ist und am Therapeuten erlebt wird, kann es bearbeitet werden. Als Monika mir also sagte, sie habe sich von mir verlassen gefühlt, mußte ich annehmen, daß sich nun das entscheidende Erleben auch zwischen uns abzuspielen begann. Das Wissen darum bringt noch keine Veränderung, erst das Wiedererleben in der Analyse und die affektive Erinnerung, das heißt, die Erinnerung, welche die damit verbundenen Gefühle heraufbringt, geben Anlaß zur Hoffnung auf Bearbeitung der Kindheit und so auf Verheilung der Wunden.

Es dauert in der Regel geraume Zeit, bis sich ein Analysand in die Übertragung hineinwagt. Dies deshalb, weil Übertragung verbunden ist mit dem Wiederaufleben einstiger schmerzlicher Gefühle. Dazu kommt, daß der Analysand ja nicht weiß, wie der Analytiker mit diesen Gefühlen umgeht, und sich deshalb vor der Übertragung zu Recht schützt. Bei Monika zum Beispiel durfte angenommen werden, daß im Spital mit ihrem Trennungsschmerz, dem Heimweh und den Verlassenheitsgefühlen nicht angemessen umgegangen worden war, da das Pflegepersonal in der Regel damit überfordert ist. Wie konnte also das Kind in Monika wissen, ob es in mir auf einen verständnisvollen Menschen treffen würde, wenn es zu einer Übertragung der einstigen Gefühle kommen sollte?

Ein paar Monate vor der erwähnten Stunde, wo sie gesagt hatte, ich hätte sie allein gelassen, hatte Monika einen sehr eindrücklichen Traum gehabt:

Ich bin ein kleines Kind, ungefähr zwei Jahre alt. Ich stehe allein in einem Haus, das sich im Bau befindet. Ich rufe wiederholt nach meiner Mutter. Dabei habe ich das Gefühl, daß, wenn ich nicht gehört werde, ich dann auch nicht existiere. Ich rufe dann nicht mehr, habe aber große Angst, Angst zum Verrücktwerden. Im Traum habe ich auch – nun wieder als Erwachsene – das Empfinden, daß ich nicht in diese Gefühle hinein darf, sie sind zu gefährlich. Ich habe das Gefühl, unbedingt aufwachen zu müssen, weil ich mich nicht auf eigene Faust in diese Gefühle hineinwagen sollte.

Dieser Traum schilderte das Verlassenheitserleben von Monika. Außerdem war es ein Traum, der ein wirkliches Erleben in seiner ganzen Wahrheit, wie sie damals gefühlt worden war, ins Bewußtsein hob.

Die Traumaussage ist beispielhaft für das Erleben von Kindern schlechthin. Der Satz, wonach Monika nicht existiert, wenn sie nicht gehört wird, formuliert in einer kurzen Formel die Wahrheit des kleinen Kindes. Das Daseinsgefühl des Kleinkindes ist davon abhängig, ob es genügend gesehen und gehört, kurz in all seinen Äußerungen hinreichend wahrgenommen wird. Man nennt die Fähigkeit der Mutter (oder der Bezugsperson), dies zu tun, die Spiegelfunktion (Winnicott, S. 128 ff.) der Mutter. Ist die Mutter in der Lage, das Kind optimal zu spiegeln, legt sie die entscheidende und unabdingbare Basis für das Identitätsgefühl des Kindes. Unser Identitätsgefühl ist nämlich davon abhängig, ob wir als Kinder in einem ausreichenden Maße gesehen und bestätigt worden sind. Der Traum Monikas sprach diese Wahrheit außerordentlich prägnant aus: Wenn ich nicht gehört werde, existiere – bin – ich nicht. Das ist das Erleben des Kindes in der Verlassenheit. Es geht dabei nicht nur um das konkrete Nicht-Gehörtwerden, sondern es geht darum, daß das gehörte bzw. gesehene Kind Daseinsgefühl hat, das nicht gehörte bzw. nicht gesehene aber in Angst gerät, in der es nach seinem subjektiven Empfinden aufhört zu existieren. Man nennt diese Angst Desintegrationsangst; es ist die Angst, auseinanderzufallen (desintegrieren) und ins bodenlose Nichts zu fallen. Solcherart, so schloß ich aufgrund des Traumes, müssen also die Ängste und Verlassenheitsgefühle Monikas gewesen sein.

Der Traum sagte aber auch noch, es sei zu gefährlich, in diese Gefühle hineinzugehen. Mir schien damals, er habe recht. Erst wenn das Vertrauen in den Analytiker entscheidend gewachsen ist, kann es sich der Analysand erlauben, solche und ähnliche Gefühle wieder zu erleben. Erst wenn er sich sicher ist, daß er diesmal in diesen Gefühlen nicht wieder allein gelassen wird, kann er es wagen, sie mit seinem Analytiker zu teilen. Da aber die meist lebenslängliche Erfahrung vorliegt, daß einen in diesen Gefühlen nie jemand hörte, bedeutet es für den Analysanden einen immens großen und wagemutigen Schritt, diese Gefühle in der Analyse hochkommen zu lassen. Aufgrund der Kindheitsgeschichte Monikas und des in diesem Traum geschilderten grauenhaften Erlebnisses ließ sich auch eine Erklärung für Monikas symbiotische Strebungen finden. Wenn immer sie einen Partner kennenlernte, schloß sie sich ganz eng an ihn an. Leider stieß sie wiederholt auf Männer, die das nicht ertrugen und sich distanzierten, was bei Monika jeweils eine ohnmächtige Enttäuschung auslöste. Mit ihren symbiotischen Strebungen hatte sie versucht, ihre Verlassenheitsgefühle in Schach zu halten.

Der Hilferuf-Traum hatte auch diagnostischen Wert und schien mir den Hauptkomplex Monikas zu illustrieren. Im Gegensatz zur klinischen Diagnose, wo es um festumrissene Krankheitsbilder geht – wie zum Beispiel Depression, Zwangsneurose und anderes –, kann er als komplex-diagnostisch bezeichnet werden. Ein Traum hat meines Erachtens dann einen solchen Stellenwert, wenn er dem Analytiker die Augen öffnet über einen die Persönlichkeit in hohem Maße prägenden zentralen Komplex. Anders ausgedrückt: wenn der Analytiker dabei ein Aha-Erlebnis hat. Ein solches ist immer mehr als eine intellektuelle Erkenntnis und gründet in einer emotionalen Reaktion. Das Kriterium für einen komplex-diagnostischen Traum läßt sich meines Erachtens in der emotionalen Betroffenheit des Analytikers einbinden und kann niemals allein aufgrund von rein mentalen Überlegungen erfolgen. Ein solcherart diagnostischer Traum eröffnet dem Analytiker auf einen Schlag die Problematik des Analysanden, macht sie ihm klar und gibt ihm das Gefühl, verstanden zu haben. Doch nicht allein dem Analytiker wird das Erleben zuteil, gefühlsmäßig verstanden zu haben, auch der Analysand ist in der Regel von einem solchen Traum tief betroffen. Ich möchte einen komplex-diagnostischen Traum auch als Initialtraum des Verstehens bezeichnen, insofern er nämlich beim Analytiker das Empfinden bewirkt, alle bisher eingeflossenen Informationen bekämen plötzlich Sinn und würden ein Ganzes ergeben.

Das Kriterium für einen in diesem Sinne diagnostischen Traum ist niemals ein objektives, das sich beliebig auf andere Träume übertragen läßt. Geortet im emotionalen Bereich, ist es nicht in übertragbarer Weise anwendbar. Man kann höchstens sagen, wenn der Analytiker bei einem anderen Fall wieder dieses Erlebnis hat, so soll er die Möglichkeit eines diagnostischen Wertes des Traumes nicht ausschließen. Der komplex-diagnostische Traum läßt sich natürlich nicht vergleichen mit der Diagnose des Mediziners. Hat ein Patient eine Blinddarmentzündung, so wird ein Arzt diese feststellen und ein weiterer Arzt diese bestätigen. Bei unserer analytischen Arbeit liegen die Verhältnisse etwas anders. Nämlich: die Komplex-Diagnose in der psychologischen Arbeit ist erstens einmal abhängig von der ganz bestimmten Konstellation zwischen diesem einen Analysanden und diesem einen Analytiker, und zweitens verändert sie sich im Laufe der Analyse. Wenn ich also bei Monika als zentralen Komplex einen Verlassenheitskomplex feststelle, so ist dies die Sicht, mit der ich gut mit Monika arbeiten kann, die mir hilft, sie zu verstehen. Diese Diagnose muß nun aber nicht zwingend von einem anderen Analytiker gestellt werden. Es ist durchaus möglich, daß in der Interaktion zwischen Monika und einem anderen Analytiker ein anderer zentraler Komplex konstelliert sein könnte, der dann für diese Analyse stimmig wäre. Mit den genannten Einschränkungen und angemessener Vorsicht darf man also durchaus von einem komplex-diagnostischen Wert eines Traumes sprechen. Ein solcher Traum macht das Kindheitsgeschehen weitgehend verständlich.

Nach diesen eher allgemeineren Ausführungen kehren wir wieder zu Monikas Träumen zurück. Sie unterstützten in der Folge das von Monika angeschlagene Thema, und die Verlassenheitssituationen häuften sich. Im nachfolgend wiedergegebenen Traum gerät sie von einer Situation in die andere, wo sie zurückgewiesen, nicht beachtet und verlassen wird. Dieser Traum zeigt deutlich, in welcher Weise Kindheitserfahrungen mit dem Erleben des erwachsenen Menschen verschmolzen sind. Das Heute und das Gestern sind nicht voneinander unterschieden. Die Gefühle der Kindheit haben ungebrochen in das Selbstverständnis des Erwachsenen hinübergewechselt, und das Ich weiß nicht, daß das, was es in dieser Stärke erlebt, zusätzlich von Gefühlen gespeist wird, die in der Gegenwart nurmehr wenig Berechtigung haben. Doch so wirken Komplexe. Der Verlassenheitskomplex Monikas rührte sich beim noch so geringsten Anlaß, der nach Verlassenwerden aussah, und färbte ihr Erleben vollständig in diese Qualität ein. Wo Komplexe am Werk sind, wird die Wirklichkeit immer verzerrt und durch die Brille des Komplexes wahrgenommen. Monika träumt also:

Ich gehe zu einer Therapeutin. Ich bin sehr traurig in der Stunde und werde es immer mehr, weil ich zwei Steine verloren habe. Die Therapeutin nimmt meine Traumbilder auf und ist sehr interessiert, redet aber an mir vorbei und nimmt meine Traurigkeit nicht wahr. Ich gehe hinaus und lege mich im Wartezimmer nieder. Sie kommt dann heraus und sagt mir, ich solle das Meer bei G. malen. Ich möchte aber lieber, daß sie auf mich eingeht. Sie sagt, ich solle nachmittags wiederkommen. Da muß ich aber zu Frau Asper, das ist in Ordnung.

Ich bin dann zu Hause, man hat meinen Garten umgestochen, alles ist kaputt. Ich liege am Morgen im Bett und bin blutüberströmt und voller Geschwüre und muß dringend zum Arzt. Dann treffe ich U., der keine Zeit hat. Darauf begegne ich einem Arzt, der gerade zu einer Besprechung geht und sich für mich auch nicht freimachen kann. Auch da kann ich von meiner Krankheit nichts sagen. Dann will ein Student bei mir wohnen und ins vordere Zimmer einziehen. Es ist ein sehr fideler Typ. Ich schlage die Hände über dem Kopf zusammen und meine, das werde doch nicht gut gehen. Dann bin ich wieder bei Frau Asper, morgens um halb acht Uhr. Sie ist noch im Morgenrock und sagt, ich sei zu früh. Sie zeigt mir ihr Wohnzimmer, es ist voller Keramikfiguren. Auch da kann ich von meiner Krankheit nichts sagen. Dann bin ich nachmittags um ein Uhr bei ihr. Da ist sie dann ganz streng mit mir und sagt, ich müsse strukturieren, ich solle meine Trips lassen.

Dann bin ich unterwegs, und Kumuluswolken treten wie Dämpfe aus der Erde aus.

Der Traum zeigt in seinen Hauptzügen sehr deutlich, daß Monika von allen abgeschoben wird, niemand Zeit für sie findet und sie auch von ihrer Krankheit nichts sagen kann. Ihre Therapeutinnen, es sind zwei, ich und eine andere, die in Wirklichkeit nicht existiert, reden an ihr vorbei. Also nicht einmal an dem Ort, wo sie rechtens auf Hilfe zählen könnte, hat man ein Ohr für sie. Außerdem kann sie sich nicht wehren und die Menschen zur Aufmerksamkeit anhalten, um ihren Schmerz erzählen zu können.

Ein weiterer, wichtiger Aspekt des Traumes ist, daß etwas austritt: aus dem Körper in Form von Blut und Geschwüren und aus der Erde als Wolken und Dämpfe.

Monika wird also abgewimmelt, kann das, was sie beschäftigt, nicht mitteilen und macht die Erfahrung, daß etwas aus der Tiefe – des Körpers, der Erde – austritt.

Angesichts dieses Traumes war es wesentlich, all die Situationen im Detail durchzubesprechen, bei denen Monika das Gefühl hatte, sie sei in den Analysestunden von mir nicht beachtet worden. Die Nichtbeachtung und das Verlassenheitsgefühl sind die zentralen Gefühlsqualitäten des Traumes, auf sie mußte allem voran eingegangen werden. Dann wurden auch die Begebenheiten außerhalb der Analyse beleuchtet, in denen sie sich zurückgestoßen fühlte. Und schließlich befaßten wir uns eingehend mit ihrer Unfähigkeit, über das zu reden, was sie beschäftigt. Im Anschluß an diesen Traum gliederten sich mehr und mehr einzelne Aspekte ihrer Verlassenheitstraumen der Kindheit an, die im Traum als Geschwüre und Dämpfe angemeldet worden waren. Damals konnte sie gar nicht über ihren Schmerz sprechen, damals hatte man ihn weder wahrgenommen, noch hatte man Zeit dafür. Die Spur zum Kindheitserleben war also wieder aufgenommen worden, sie erlaubte es Monika, nach und nach die Komplexgefühle der Verlassenheit mit der Vergangenheit zu verbinden und sie dorthin zu tun, wo sie hingehörten. Das Vergangene und das Gegenwärtige begannen sich zu trennen, wodurch es Monikas Ich möglich wurde, eine gewisse Distanz zu den bedrängenden Gefühlstönen des Komplexes zu finden. – Der besprochene Traum spricht zwar von keinem Kind, er ist aber insofern ein typischer Traum, als er die Gefühle der Kindheit mit dem erwachsenen Erleben vermengt schildert und deutliche Hinweise enthält, daß etwas aus dem Innern – der Tiefe – hervorbricht, und damit in die Vergangenheit weist.

Es ist indes ungünstig, die Analysanden lediglich auf die Kindheit aufmerksam zu machen, denn dadurch werden sie in ihrem aktuellen Erleben nicht ernstgenommen, und das, was sie zunächst in der Übertragung erfahren, wird allein auf die Kindheit reduziert. Es war wichtig, mit Monika all die Momente ernsthaft durchzubesprechen, in denen sie sich von mir zurückgestoßen und übergangen erlebte. Diese hatten tatsächlich stattgefunden und verdienten es, beleuchtet zu werden. Kein Therapeut kann solche Frustrationen vermeiden und soll es auch nicht. Es ist aber oberstes therapeutisches Gebot, das Erleben des Analysanden an uns ernstzunehmen und mit ihm zu teilen. Wäre dies unterblieben, hätten Monika und ich die Kindheitserfahrung, in der sie weder gesehen noch gehört wurde, wiederholt, und das vergangene, schlimme Erleben hätte sich möglicherweise nicht an unseren Dialog angegliedert.

Ein weiterer, nun direkt von einem Kind sprechender Traum war der folgende:

Ich träume von einem süßen, aufgeweckten blonden Kind. Unerfahren war es, alleine. Ich habe es getroffen, spielend bei unseren Nachbarn in W. Als dem kleinen Mädchen der Ball über den Zaun fiel, habe ich ihn geholt und im Nachhinein über meinen Mut gestaunt, denn der Nachbar hat einige bissige Hunde. Dann nehme ich das Kind bei der Hand, weil ein Auto kommt. Aber das Kind will einfach auf die Straße, das Auto, das lustige Ding, aufhalten. Ich bin verblüfft, verärgert und besorgt, daß das Kind so keine Ahnung von den Gefahren der Straße hat, und gebe ihm eine Ohrfeige, was ich gleich bereue.
Dann gehe ich mit ihm zu mir nach Hause, und meine Mutter ist einver-

standen, daß das Kind über Nacht bei uns bleibt. Ich trage es die ganze Zeit herum und wiege es in den Schlaf wie ein eigenes Kind. Ich habe es ins Herz geschlossen, und es schläft ruhig und geborgen bei mir ein.

Hervorzuheben an diesem Traum sind zwei Dinge. Zum einen nimmt sich Monika des Kindes liebevoll an, zum andern zeigt sie wenig Verständnis und gibt ihm eine kräftige Ohrfeige. Und so verhielt es sich auch in der Wirklichkeit: Monika hatte an sich einen guten Kontakt zum Kindhaften in sich, strahlte große Natürlichkeit, Neugierde und Spontaneität aus, war aber zuzeiten unversehens fähig, diese Impulse kurzerhand abzublocken – die Ohrfeige im Traum – und zum Schweigen zu bringen. Dies äußerte sich vor allem dann, wenn sie Strebungen in sich wahrnahm, die sie als gesellschaftlich unangepaßt empfand, die, um im Traumbild zu sprechen, nicht in den «Verkehr», das heißt unter die Leute, gehörten. Diese «Abstellmanöver» reflektierten den Umgang, den die Bezugspersonen ihrer Kindheit mit Monikas Spontanimpulsen gepflegt hatten. Im Spital waren sie nicht gefragt gewesen, und man verfügte auch nicht über die nötige Zeit, um auf das Kind einzugehen. Zuhause, wo eine an sich liebevolle Atmosphäre herrschte, hatte man nach dem Erleben Monikas doch letztlich wenig Einfühlung, und Monika mußte sich zu rasch ohne Erklärungen anpassen. Auch die erwachsene Monika forderte von sich in ungeduldiger Weise Anpassungshaltungen und überging dabei ihre Gefühle und Empfindungen, mit anderen Worten, sie verpaßte ihnen einfach eine «Ohrfeige», ohne sie gebührend zu würdigen. Viele Menschen gehen so mit sich um und bringen das Kind und damit jene Funktion in sich zum Verstummen, die am reinsten unsere wahren Reaktionen zum Ausdruck bringen.

Der erwähnte andere Aspekt des Traumes, Monikas liebevoller Umgang mit dem Kind, fügte sich mit vielen anderen Träumen zusammen, in denen sie bezogen und liebevoll mit Kindern umging. Diese Träume hatten einen kompensatorischen Charakter, das heißt, sie balancierten die Frustrationserfahrungen der Kindheit aus und vermittelten Monika und damit dem Kind in ihr eine bisher zu wenig erlebte positive und innige Mutter-Kind-Beziehung. Diese so günstigen Träume waren an den Archetyp des Kindes angeschlossen. Über das persönliche Unbewußte hinaus, das unsere wirklich erlebte Geschichte umfaßt, ist der einzelne immer auch noch mit der Tiefenschicht der Seele verbunden, die C. G. Jung das kollektive Unbewußte (vgl. Jacobi J., S. 5–77) nannte. Er wählte die Bezeichnung «kollektiv», weil jeder Mensch mit ihr verbunden ist und jeder an den in ihr gespeicherten Bereitschaften und Bildern teilhat. Diese Schicht ist grundsätzlich gesund und deshalb geeignet, verbogene und neurotische Verhaltensweisen ausgleichend zu kompensieren. Das Kind im Traum Monikas ist gewissermaßen der gesunde Prototyp des Kindes schlechthin und kompensierte das kranke Kind, das Monika in ihrer Kindheit einst war. Monikas bezogener Umgang mit ihm schloß ebenfalls an das kollektive Unbewußte an, indem er auf die positiven Muttermöglichkeiten Bezug nahm. Nun sei noch auf einen letzten Kindtraum Monikas aufmerksam gemacht:

Ich komme in eine Kirche, sie ist kreuzförmig angelegt, wobei das Ende jedes Kreuzschenkels eine Apsis bildet. Ich gehe zum Eingang an der Westseite hinein und bewege mich nach vorn. Da steht in der Apsis ein Bild; Männer sind darauf zu sehen, und einer – Jesus? – verkündet das Wort Gottes. Das Bild gefällt mir nicht, und ich drehe mich um und strebe dem Ausgang zu. Nun komme ich in die dem Bild gegenüberliegende Apsis. Da steht ein Taufbecken, mit Wasser gefüllt. Daneben befindet sich ebenfalls ein Bild: eine impressionistische Darstellung von Wasser. Oben auf der Empore ist eine Orgel, wunderbare Musik ertönt. Ein kleines, etwa zweijähriges Kind wird nun getauft. Das Kind, obwohl es noch so sehr jung ist, ist zugleich auch alt. Es ist ganz deutlich ein heiliges Kind. Ich fürchte ein wenig das kalte Wasser für das Kind, doch es ist offensichtlich, daß ihm das nichts anhaben kann.

Der Traum zeigt das Kind deutlich als ein heiliges, göttliches Kind und bringt dadurch das Kind als Archetyp noch klarer als im letzten Traum zum Ausdruck. Das göttliche Kind, von dem noch ausführlich die Rede sein soll (S. 100ff.), entspricht einer seelischen Vorlage, die dem einzelnen die Ahnung vom umfassenden und überpersönlichen Charakter des Kindes vermittelt. Ein solches Kind läßt sich nicht voll integrieren, es sprengt das menschliche Maß. Taucht es in Träumen auf, so verweist es auf etwas Neues und gleicht alte und rigide Erlebnisbahnen und eingefahrene Denkschemata mildernd aus.

Vorn in der Kirche befindet sich ein Bild mit Männern, von denen einer das Wort Gottes verkündet. Das Bild mißfällt Monika, und sie wendet sich ab und geht zum Eingang zurück. In der Auseinandersetzung mit ihrer Kindheit wurde sich Monika auch der kirchlich dogmatischen Werte bewußt, die sie als beengend und überholt empfand. Sie waren ihr zu patriarchal, und sie empfand sie bar aller Lebendigkeit. Bevor jedoch Monika die Kirche endgültig verläßt, stößt sie auf das Bild mit der Wasserdarstellung, auf das heilige Kind, das getauft wird, und wird auf das wunderschöne Orgelspiel aufmerksam. Hier ist offenbar Leben, hier befinden sich auch die lebendigen Wasser.

Sie träumte den Traum in einer Zeit innerer Dürre und großer Zerrissenheit. Vom Traum fühlte sie sich in der Folge in wunderbarer Weise umgestimmt, belebt und zentriert. Sie wollte den Traum nicht zerreden und machte auch mir deutlich, ihn nicht deutend analytisch anzugehen. Damit hatte sie recht und nahm zugleich die Traumaussage ernst, wonach ihr die wortgewaltige Verkündigung mißfiel. Ich respektierte ihr Anliegen. Wichtig am Traum war das nachhaltig wirkende Gefühlserlebnis und die damit im Zusammenhang stehende gefühlsmäßige Umstimmung. In dieser vom Traum vermittelten Stimmungslage fühlte sich Monika ganz, heil und geeint. Das Kind im Traum steht häufig für die nie vollumfänglich zu erreichende Ganzheit und vermittelt erlebnismäßig das Empfinden der Einheit der Person.

Lasse ich Monikas Träume aus der Periode, wo der Verlassenheitskomplex stark konstelliert war und Monika das entsprechende Erleben auch in der Übertragung auf mich spürte, an mir vorbeiziehen, so zeigt sich ein interessanter Prozeß. Er läßt sich auch allein schon aus den hier wiedergegebenen Träumen ablesen. In dem Maße, wie Monika die einstigen Frustrationen wieder erlebte und affektive Erinnerungen auftauchten, in eben dem Maße zeigte sich zum Ausgleich auch das gesunde, muntere und göttliche Kind. Der Weg zurück in die neurotisierende Vergangenheit eröffnete zugleich durch die Ganzheitsgefühle auslösenden und auf die Zukunft verweisenden Kind-Symbole den Weg nach vorn. Die Versagungen von einst wurden durch heilsame Symbole ausbalanciert, dem kranken Kind von damals wurde ein gesundes zur Seite gestellt, mit dem Monika in den Träumen und später auch im Wachen in guter, liebevoller Beziehung stand.

Die sogenannte reduktive Analyse, wie die Auseinandersetzung mit der Vergangenheit genannt wird, steht nach meiner Erfahrung in einer engen Verbindung mit der finalen oder synthetischen Analyse, das heißt mit den auf die Zukunft ausgerichteten Aspekten und deren Bedeutung. Mir scheint, daß die in der Suche nach den Ursachen ausgeloteten und wiederbelebten Gefühle die Voraussetzung für die vorwärtsstrebenden und Zukunft eröffnenden Impulse und Symbole der Psyche bilden.

Das Kind als Symbol des Lebens

Je tiefer ich mich in das Thema Kind und Traum hineinarbeitete, desto deutlicher wurde mir die Bedeutung des Kindes als Symbol des Lebens schlechthin. Diese allgemeine Bedeutung entbehrt indes nicht verschiedener Facetten.

In den folgenden zwei Abschnitten soll davon die Rede sein. Den Anfang macht eine Auseinandersetzung mit der Depression. Dabei tritt uns das Kind-Symbol zunächst in der Lebensverneinung vor Augen. Im zweiten Abschnitt soll dann vom Kind als Symbol des Neubeginns gesprochen werden, wobei uns in den drei Themen – Ende der Depression, Lebensmitte und das Kind im Umkreis des Todes – das Kind vor allem als Symbol des Lebens in seinen Wandlungsaspekten begegnen wird.

Das Kind in der Depression

Weltweit haben Wissenschaftler in den letzten Jahrzehnten eine markante Zunahme depressiver Erkrankungen festgestellt. Depression scheint zu einer Zeitkrankheit geworden zu sein. Ja, Depression ist recht eigentlich das Leitsymptom unserer Zeit, die sich durch den Verlust von gefühlshaften Kräften, menschlichen Bindungen und dem Zerfall tragender und verbindlicher Werte zugunsten schneller Technisierungen, des Konsumdenkens und allgemeiner Hetze und Hektik auszeichnet. – Das Wort «Depression» kommt vom Lateinischen «deprimere», was niederdrücken bedeutet. In der Tat ist der depressive Mensch niedergedrückt und erfährt sich als stumpf, gefühllos und in blander, d. h. reizloser Traurigkeit befangen. Depression ist eine krankhafte seelische Störung, in der meist die Dreiheit folgender Symptome zum Ausdruck kommt:

– Traurige Verstimmung, in welcher der Betroffene schwermütig, teilnahmslos, ängstlich, bisweilen auch mürrisch reizbar ist. Er kann sich über nichts mehr freuen und leidet an dem sogenannten Gefühl der Gefühllosigkeit. Er fühlt sich überdies entmutigt und sieht alles pessimistisch.

– Denkhemmung: Das Denken des Depressiven ist verlangsamt und oft auf ganz bestimmte negative Denkinhalte eingeengt, die in quälerischer Monotonie immer und immer wieder gedacht werden müssen. Es zeigt sich dazu eine ausgeprägte Tendenz zum Grübeln. Der Kranke macht sich Selbstvorwürfe, klagt darüber, nichts und niemandem zu genügen, und weist eine starke Entschlußunfähigkeit auf.

– Psychomotorische Störungen: Mimik und Gestik sind verlangsamt, der Kranke ist bisweilen in seinem Antrieb gehemmt und brütet bewegungsarm vor sich hin. Bei ängstlicher Grundstimmung hingegen kann es jedoch vorkommen, daß der Antrieb gesteigert ist und er, von innerer Unruhe getrieben, gehetzt einem leeren Beschäftigungs- und Bewegungsdrang nachgeben muß.

Zu diesen drei Leitsymptomen gesellen sich mannigfaltige körperliche Symptome wie Schweregefühle, Energieverlust, Druckgefühle im Kopf, in der Brust und in der Herz- und Magengegend. Auch klagen die Kranken über Schlaflosigkeit und gestörten Schlaf, Appetitmangel, Rücken- und Gelenkschmerzen. Eine bestimmte Ursache für diese Beschwerden läßt sich hingegen nicht nachweisen.

Grob gesehen, unterscheidet man drei Depressionsgruppen. Von endogenen Depressionen spricht man, wenn der Grund für die große Betrübnis auf wahrscheinlich angeborene Stoffwechselanomalien im Hirn zurückzuführen ist. Dazu zählen auch die selteneren, zweigleisig verlaufenden Depressionen, bei welchen sich neben depressiven Zuständen auch stark gehobene Stimmungen – sogenannte Manien – zeigen. – Zu den somatogenen (körperlich bedingten) Depressionen gehören jene, die auf eine nachweisbare Körperkrankheit zurückzuführen sind. Man denke hier beispielsweise an Hirnschädigungen durch Unfälle oder Tumoren, an Infektions- und Stoffwechselkrankheiten. Zu den sogenannten psychogenen Depressionen – und von diesen handeln die nachfolgenden Fallbeispiele – gehören die Depressionsformen, welche sich durch psychische Ursachen erklären lassen. Zu nennen wäre hier die reaktive Depression, die beispielsweise auf ein traumatisches Ereignis hin (als Reaktion) eintritt, auf den Tod eines geliebten Menschen, auf einen durch Unfall bedingten Verlust des Gehvermögens und anderes. Weiterhin gehören dazu die neurotischen Depressionen, die meist durch langdauernde, ungünstige Lebensbedingungen in der Kindheit verursacht sind und durch das stete Auftauchen dieser emotionalen Ereignisse am Leben erhalten werden. Bei richtiger Behandlung psychotherapeutischer und/oder medikamentöser Art können Depressionen heute weitgehend gemildert, ja, oft sogar geheilt werden (vgl. Kielholz; Widlöcher).

Depression ist recht eigentlich Wegfall alles bisher Lebendigen, ist Verlust des Lebensgefühls schlechthin. Depressionen bestimmen nicht allein das Wacherleben, sie äußern sich auch in den Träumen und erzeugen oft Traumszenen, in denen vom Tod des Lebens die Rede ist. Beispielhaft empfinde ich den folgenden Traum der deutschen Dichterin Isolde Kurz (1853–1944). Ohne die Träumerin näher zu kennen und ohne Wissen um die damalige Lebenssituation, scheint mir der Traum vom öden und lebensverneinenden Sein im depressiven Zustand zu sprechen. Erst am Schluß macht sich durch das Erscheinen der Mutter eine positivere Wendung bemerkbar.

Einmal in Forte hatte ich einen Traum. Die Erde war ausgestorben, stumm, ohne Wärme, ohne Licht, ohne ein einziges grünes Hälmchen, ohne einen Vogellaut. Ich war der letzte Mensch auf dem vereisten Planeten; auf geneigter Fläche glitt ich über den ewigen Schnee hinab zwischen weißen Schneewänden, einsam wie es niemand je zuvor gewesen. Auch als sich

noch ein anderes menschliches Wesen herzufand, dessen Gesicht mir nicht erkennbar war, änderte das nichts an meiner Einsamkeit. An dem völlig weißen Schneehimmel sah ich eine blasse, runde Scheibe, den Mond. Ich wollte mich freuen, daß er noch da sei, da rollte er sich wie ein Fladen zusammen und fiel in weißen Schneefetzen herunter. Jetzt ist auch der Mond gestorben, sagte ich hoffnungslos. Da öffnete sich in der Schneewand zu meiner Linken eine Nische wie ein Tabernakel, ein weibliches Bildnis bog sich bis zu halbem Leibe heraus – meine Mutter! Vom Übermaß der Erschütterung erwachte ich. (Kiessig, S. 103)

Wenn Depression grob definiert werden kann als Wegfall alles Lebens und Zerfall alles Lebendigen, müßte dann nicht, so fragte ich mich, auch das Symbol des Kindes in den Träumen Depressiver und im Umfeld von Depressionen vorkommen? Ich dachte deshalb an das Kind, weil es das Lebendige schlechthin versinnbildlicht.

Zu Beginn meiner Beschäftigung mit dieser Frage erinnerte ich mich an die berühmte Darstellung der Melancholie (alte Bezeichnung für Depression), genannt «Melancholia I» (1514) von Albrecht Dürer (1471–1528) (Tafel 3). Auf diesem so rätselhaften Bild kommt, neben vielen anderen Symbolen, welche um die tief traurig nach unten blickende weibliche Figur im Zentrum des Bildes angeordnet sind, auch ein Kind vor.

Es ist ein sogenannter Putto – ein Knäblein –, der eifrig schreibt oder dabei ist, eine Wachstafel zu gravieren. Putti oder Putten sind lebenslustige, spielerische, fröhliche Kindwesen, die nicht nur im Altertum, sondern vor allem in den Bildnereien des 15.–18. Jahrhunderts zuhauf vorkommen. Mit ihrer oft tänzelnden Haltung bevölkern sie Bilder jeder Gattung der genannten Periode. Nie Hauptthema der Darstellungen, sind sie lieb-reizende Beifügungen und zieren als kleine Engelputti auch manche Altäre und Kirchendekorationen.

Was hat es mit dem Putto auf Dürers «Melancholia I» auf sich? – Diese Frage ließ mich nicht mehr los, und beim Studium der einschlägigen Werke ergab sich als historisch-ikonographische Deutung (das ist eine Deutung, welche Dürers Darstellung aus der

Skizze des Putto aus Dürers
Melancholia I (vgl. Tafel 3)

Zeit, ihrer Bedingtheit und Tradition versteht), daß der Putto verstanden wird als Symbol tätigen, spontanen Tuns im Gegensatz zur passiven Haltung der niedergeschlagenen, philosophierenden Hauptgestalt. Dürer, so ließ ich mir sagen, wollte mit dem Putto, der aktiv und sorglos ist und ohne bestimmte Überlegungen zu sein scheint, das Tun und die Tätigkeit darstellend personifizieren und es in Gegensatz zur weiblichen Figur stellen, die in tiefem Schmerz erkennt, daß sie die Grenzen ihres Denkens erreicht hat. Der Putto sei Aktivität ohne Gedankenarbeit und die sitzende Gestalt, Symbol der Melancholie, Gedankentätigkeit ohne die Möglichkeit des Handelns und des Aktivseins (Klibansky, Saxl u. Panofsky, S. 343 f.). Diese Deutung, von namhaften Forschern vorgebracht, machte mir Sinn, und ich versuchte den Gedanken auf der psychologischen Ebene weiterzuentwickeln. Tatsächlich gibt es diese Zustände in der Depression, in denen jeder Gedanke in ebendieselben abortiven Gedankenverläufe einmündet und Aktivität und Lebendigkeit – dafür steht der Putto – einen schmerzlich und kraß empfundenen Gegensatz darstellen. Diesen Zwiespalt erlebt der Depressive ganz bewußt: Leben und Lebendigsein sind ihm abhanden gekommen und spielen sich – was als quälend empfunden wird – außerhalb seines düsteren Zustandes ab, weder greif- noch erlebbar.

Kommen solche lebendigen Kinder, wie der Putto auf Dürers Darstellung, auch in Träumen Depressiver vor? so fragte ich mich weiter. In all den von mir eingesehenen Träumen von Analysanden und mir bekannten Menschen in Depression habe ich keine solch quicklebendigen Kinder angetroffen. Auf bewußter Ebene und im Wachen ist der lebensfrohe Putto leidvoll empfundener Gegensatz zur depressiven Befindlichkeit. Im Unbewußten jedoch, in den Träumen, ist hingegen sehr oft die Rede von toten Kindern, die den Wegfall, den Tod alles Lebendigen darstellen. Das tote Kind im Traum wird auf diese Weise recht eigentlich zum Symbol der Lebensverneinung, der Negation des Lebenswillens und des Lebensvermögens.

Ein Beispiel aus der Praxis

Um Herberts Hauptproblem zu umreißen, genügen an dieser Stelle einige Worte. Herbert war, soweit er sich zurückerinnern konnte, chronisch latent depressiv gewesen und hatte sich stets als dumpf-traurig erlebt. Als diesem Erleben eine manifeste Depression Platz machte, begab er sich in Therapie. Er war damals 50 Jahre alt. Sein Selbstverständnis war nur noch in einem verstärkten Maße dadurch gekennzeichnet, daß er sich negativ sah, von Schuldgefühlen heimgesucht war und sich, obwohl er noch funktionieren konnte, ständig nicht auf der Höhe der Dinge erlebte. Ein Traum, der mitten in das Herz dieser erlebnismäßigen Schwierigkeiten traf, war ihm unvergeßlich. Obwohl er ihn Monate vor Analysebeginn geträumt hatte, saß ihm die Angst noch im Nacken:

Ich bin mit zwei Spielpartnern an einem Tisch vereint; wir spielen Karten. Hinter mir taucht eine schwarz gekleidete und dunkel verschleierte ältere

Frau auf. Ich drehe mich um und berühre sie. In diesem Moment löse ich mich auf und bin von ihr eingesogen.

Da war also in seinem seelischen Innenraum eine Kraft, die sein Leben auslöschen konnte; eine ältere, dunkel-düster gewandete Frau, der gegenüber er deutlich als jünger, als Sohn, gekennzeichnet ist. Diese Frau, nicht persönlich charakterisiert, hat die Macht, sein Leben zu zerstören. Mit ihrem schwarzen Kleid und dem ebenfalls schwarzen Schleier weist sie auf die sogenannte negative Große Mutter hin, die als dunkle Figur und Muttergöttin sein Ich bedroht und die Gewalt hat, seine Lebendigkeit auszulöschen.

So also sahen, vom Traum her betrachtet, seine depressiven Anwandlungen aus. Der Traum gab ihm ein Bild ab, eines, das im stärksten Gegensatz zu seiner Tätigkeit im Traum stand, wo er Karten spielte. Das Kartenspiel ist ein Symbol für Leben und Lebenszugewandtheit, frohe Lebensbewältigung schlechthin. In ihm können wir das Leben als ein ewiges Spiel zwischen Gewinn und Verlust sehen. Herbert – im Traum – ist dem Leben zugewandt und spielt es mit seinem ganzen Einsatz. Von hinten, von der Schattenseite her, nähert sich ihm die Frau, die, kommt er mit ihr in Berührung, von lebensbedrohender Allmacht ist. In ihr kann näherhin auch eine Personifikation der Depression gesehen werden. Sie ist eine machtvolle Figur von großer Potenz, und keine andere Bezeichnung paßt wohl besser auf sie als «Königin der Nacht», mit welcher der Dichter C. F. Meyer die Schwermut umschrieben hat.

Als mir Herbert diesen Traum erzählte, war ich froh um das Bild, konnte ich ihn doch darauf verweisen, daß seine Seele Bezug zu seinen schwermütig-depressiven Zuständen genommen hatte. Es war ein Bild, das ihm eventuell helfen konnte, das dunkle Geschehen etwas zu objektivieren. In der Nutzanwendung dieses Traumes ging es dann vor allem darum, Herberts Lebenslauf und Kindheit nach Personen durchzubesprechen, an welchen er ein derart auslöschendes Erleben bereits erfahren hatte. Es handelte sich weiterhin darum, all jene Situationen seines aktuellen Lebens auszumachen, in denen er sich kampflos düsteren Anwandlungen in einer sohnhaften Weise überließ und seine Autonomie allzu fraglos aufgab.

Im weiteren Umfeld seiner Depression träumte Herbert sich nicht nur wiederholt als Sohn und Kind, das heißt also in einer Position, die seiner Stellung als Familienvater und Pfarrer in keiner Weise entsprach, sondern auch von Kindern. Die mehrmals geträumten Kinder erschienen als Tote und konnten trotz größtem Einsatz nicht wieder ins Leben zurückgerufen werden. Zwei Träume sollen angeführt sein:

Wir sind auf einem zugefrorenen See. Es hat viele Leute da, auch viele Kinder. Ein Kind, das mir zugehörig ist (aber nicht mein Sohn ist), gerät unter das Eis, und man leitet eine sofortige Rettungsaktion ein, doch vergebens, man kann das Kind nicht finden. Später dann wird der See vom Wasser entleert, und es ist ein großer Bulldozer da, mit dem nach dem Kind gesucht wird, doch auch da findet man es nicht. Dann sehe ich die Beine des Kindes aus dem Morast herausragen.

Ein Kind ist in der Nähe eines Teiches, es setzt sich ins Wasser, fällt dann ins Wasser, geht unter, setzt sich wieder auf. Ich beobachte es, denn es könnte gefährlich sein. Bevor ich mich jedoch versehe, gerät das Kind unter Wasser und – ist tot.

Kinder sind offensichtlich bedroht, schuldig aber ist der Träumer nicht. Im Gegenteil, es wird alles erdenklich Mögliche unternommen – ganz besonders im ersten Traum –, um die Kinder zu retten. Die Kinder in diesen Träumen stehen für Herberts Zukunftsausgerichtetheit, für seine Spontaneität und Lebendigkeit. Diese Qualitäten sind bedroht, sie laufen Gefahr, unbewußt zu werden, ins Wasser oder unter Eis zu fallen. Die Kinder sind, um es anders zu sagen, in Gefahr, von der negativen Mutter im überpersönlichen Sinne wieder zurückgeholt zu werden. Die Kinder verweisen aber auch auf das Kind, das Herbert einst war. In seiner Kindheit waren ihm Lebensfreude und Spontaneität kaum möglich gewesen, dies einmal bedingt durch eine als streng erlebte Mutter, im weiteren durch eine rigide religiöse Erziehung und schließlich durch schwierige Kriegsereignisse, die es mit sich brachten, daß man nicht nur hungerte, sondern außerdem in ständiger Furcht und Bedrängnis leben mußte.

Für Herbert, der sehr stark von Schuldgefühlen geplagt war und sich in einer übersteigerten Selbstverantwortung auch für Dinge schuldig fühlte, für die er rechtens überhaupt nichts konnte, waren diese Träume insofern außerordentlich wichtig, als sie ihm die Depression im Bild als ein Geschehen aufzeigten, das ihn ohne sein Dazutun befallen konnte, das über ihn kam wie ein Walten von Kräften, über die er keine Macht hatte. Die Bilder entlasteten ihn sehr und befreiten ihn auch zuzeiten von dem negativen und quälenden Gedanken, auch noch für die Depression schuldig zu sein. Depression in Herberts Fall war ein Geschehen, das zu seinem Leben gehörte, und mußte von ihm allmählich als Periode schlechten Wetters im symbolischen Sinne anerkannt werden, in der Leben und das Kind als Ausdruck des Lebendigen schlechthin in seinen Träumen als tot erschienen.

Das Kind als Symbol des Neubeginns

Nähert sich die Depression ihrem Ende zu, so spricht man von der Phase der Aufhellung; der Antrieb stellt sich wieder ein, das Gemüt hellt sich auf, und die Lebensgeister kehren allmählich zurück. Selten jedoch ist dieser Prozeß ein stetig nach oben verlaufender. Der Zustand ist noch labil, und gute Tage können unversehens von schlechten abgelöst werden. In diesem Zusammenhang ändern sich auch die Traumbilder; der Neubeginn schlägt sich in ihnen nieder, was dem bislang bedrückten und nun noch unsicheren Menschen hilft, wieder Trost und Vertrauen zu gewinnen. Nicht selten kommt es dabei vor, daß auch an dieser Stelle das Kindmotiv in den Träumen aufleuchtet.

In der Endphase einer Depression träumte eine Frau, Irene, sie

Tafel 1
Rembrandt: Das ungezogene Kind,
Kupferstichkabinett Staatliche Museen
Preußischer Kulturbesitz, Berlin

Tafel 2
Grabstele der kleinen Plangon, 325/20 v. Chr.,
Glyptothek, München

Tafel 3
Albrecht Dürer: Melancholia I, 1514, Kupferstichabdruck
aus Privatbesitz

Tafel 4
Ikone der Gottesmutter des Zeichens, transsilvanisch, 18. Jh.,
Sammlung Dr. S. Amberg, Kölliken/Schweiz,
Copyright by Buch-Kunstverlag Ettal

habe ein Kind geboren, worüber sie sehr erfreut ist, und sie hat das Kind stets bei sich. Plötzlich allerdings merkt sie, daß sie es aus den Augen verloren hat. Sie macht sich sofort daran, es zu suchen, und findet es dann schließlich in einem Tümpel ihres Gartens. Da liegt es leblos im seichten Wasser. Sie erstarrt vor Schreck, überwindet diesen und hebt das Kind aus dem Wasser – es ist tot. Ein unendliches Leid befällt sie, und sie muß das Kind, aus dessen Gesicht alle Farbe gewichen ist und dessen Augen blicklos ins Weite gerichtet sind, aber und abermals ansehen. Zu ihrem großen Erstaunen beginnt sich das Kind zu regen, öffnet den Mund und die Augen, nimmt Kontakt mit ihr auf und fängt zu reden an. Das Leben ist in es zurückgekehrt, und das tote Kind ist wieder ein lebendiges, das sich verhält wie früher. Die Träumerin nimmt es in die Arme und ist tief berührt von diesem Mysterium.

Auch in diesem Traum zeigt sich das Kind als Symbol, als Inbegriff des Lebens schlechthin. Entsprechend dem Kommen und Gehen depressiver Zustände in der Endphase der Depression erweist sich das Kind bald als ein totes, bald als ein lebendes. In dieser Zeit geschah es Irene oft, daß das wiedergefundene Leben unvermittelt verschwand und die Dunkelheit wieder überhand nahm. Das sie tief beeindruckende Traumgeschehen hinterließ ihr die nachhaltige Erfahrung, daß Leben nicht zu töten ist, daß sich Lebendigkeit entgegen allen bekannten Gesetzen durchzusetzen vermag, aus dem Unbewußten wieder auftaucht und unverändert aufgenommen werden kann. Das depressive Geschehen erschien ihr auf Grund der wechselhaften Erfahrungen als etwas Rätselhaftes, konnte es doch kommen und gehen, wie es wollte. Dieses rätselhafte Geschehen war im Traum intim verbunden mit dem Geheimnis des Lebens, an dem sie in einem «Stirb und Werde» im Traum und im Tageserleben teilnahm.

Ebenfalls aus der Endphase einer Depression stammen die folgenden zwei Träume. Auch in ihnen taucht das Kind als Symbol wiedergewonnenen Lebens und neuen Beginnens auf:

Ich bekomme ein Kind. Es drückt und ist schon sichtbar. Ich spüre, wie mir das Fruchtwasser die Beine herabläuft. Ich habe Angst, daß das Kind tot sein könnte. Eine Frau schaut jedoch nach und wischt das Fruchtwasser ab. Sie sagt: Das Kind lebt und ist gesund. Ich gehe in die naheliegende Post. Ich kann dort jedoch nicht gebären, weil zu viele Briefträger zuschauen. Ich renne jetzt die Kirchgasse hinauf. Es liegt Schnee. Ich stolpere über ein Motorrad. Ich komme in die Kirche. Dort übt Frau B. mit den Kindern ein Märchenspiel ein. Es handelt sich um Schneewittchen. Frau B. hat ein volles Gesicht und dichte blonde Haare. Sie hat die Kinder gut am Zügel. Ich gehe hinter die Kanzel. Dort kann ich gebären.

In einem Zimmer ist eine Pharaonen-Mumie aufgebahrt (mit brauner Lederhaut usw.). Zu meinem Erstaunen stelle ich fest, daß die Mumie durch die eingefallene Nase ein wenig atmet und daß sich auch der Brustkorb ein wenig hebt und senkt. Vor der Mumie steht ein Stubenwagen mit einem neugeborenen Büblein mit gesunder brauner Haut. Ich staune über die Vitalität des Neugeborenen.

Im ersten Traum handelt es sich um eine Geburt. Noch weiß die Träumerin nicht, wo sie gebären soll, außerdem stellen sich ihr viele Hindernisse in den Weg. Doch das Kind drängt ans Licht, Leben will sich trotz aller Hemmnisse und fehlender Vorbereitung durchsetzen. In der Kirche endlich, hinter der Kanzel, kann die Träumerin gebären.

Das Märchenspiel, das eingeübt wird, handelt von Schneewittchen. Auch Schneewittchens scheinbarer Tod im Sarg kann als Stillstand des Lebens, als Depression aufgefaßt werden. Wie man sich erinnern wird, blieb Schneewittchen ein Stück des vergifteten Apfels im Hals stecken, und es fiel wie tot um, worauf es die Zwerge in einen Glassarg legten, um auch weiterhin Zeuge seiner Schönheit sein zu können. Der vergiftete Apfel kam von der Stiefmutter-Hexe. Der Apfel als Symbol des Eros ist hier vergiftet, was darauf hinweist, daß dem Betroffenen in der Depression die liebenden, bejahenden und gefühlshaften Kräfte verloren gehen. Sie sind vergiftet, das heißt, daß der Depressive von zerstörerischen Gedanken befallen und dem Bereich der Todesmutter verfallen ist. Der Sarg Schneewittchens ist aus

Glas; in der Tat erlebt der Depressive die Welt «wie durch Glas». Das Gefühl der Gefühllosigkeit hält ihn in Bann, und er berichtet oft, daß er Beziehungen, in denen bislang Gefühle erlebt worden sind, als wie nicht mehr wirklich, als wie nicht mehr zu ihm gehörig empfindet. Er sieht die Bezugspersonen «durch Glas», kann sie zwar wahrnehmen und um sie wissen, erlebt sie aber nicht mehr und kann sich nicht mehr an ihnen erfahren. Das Kind wird im Traum hinter der Kanzel geboren. Der Ort der Geburt ist ein geschützter Raum der Kirche an zentraler Stelle. Es läßt sich immer wieder beobachten, daß Menschen, die durch eine oder mehrere Depressionen gingen, zu einer religiösen Einstellung hinfinden. Dabei ist es, als sei das Tragende gerade in Zeiten höchster Bedrängnis erworben worden. Der Theologe Romano Guardini schreibt dazu: «Gerade die höchsten Werte sind die gefährdetsten. Niemals wird das Höhere in einfacher Lebensentwicklung erworben. Immer wird es mit Erschütterung und Gefährdung bezahlt.» (S. 31) – Und der lebenslänglich von Depressionen heimgesuchte schwedische Philosoph Sören Kirkegaard meint, daß gerade die in der Depression erfahrene Gottferne Bedingung für eine tragende Gotteserfahrung sei. In einem seiner Tagebücher heißt es darüber: «Aber solange das Leiden dauert, ist es oft ungeheuer qualvoll. Doch nach und nach lernt man mit Gottes Hilfe, glaubend bei Gott zu bleiben, selbst im Augenblick des Leidens, oder doch so hurtig wie möglich wieder zu Gott hinzukommen, wenn es gewesen ist, als hätte er einen kleinen Augenblick einen losgelassen, während man litt. So muß es ja sein, denn könnte man Gott ganz gegenwärtig bei sich haben, so würde man ja gar nicht leiden.» (Zit. n. Guardini, S. 14.) Das Thema der religiösen Dimension von Depressionen wird im Abschnitt «Das göttliche Kind und die religiöse Dimension» wieder aufgenommen und weiter entfaltet (S. 110 ff.).

Der oben erwähnte zweite Traum der nämlichen Träumerin steht motivisch in Zusammenhang mit dem eben besprochenen. Kam dort Schneewittchen vor und war man an seinen Scheintod im Glassarg erinnert, erscheint nun in diesem Traum eine

Mumie. Zum großen Erstaunen der Träumerin beginnt die Mumie zu atmen. Der Atem wird von der Träumerin als Symbol des Lebens erfahren. Atem bedeutet näherhin belebende Kraft, Geist, schaffender Geist. In der Genesis erweckt Gott den von ihm geschaffenen Menschen durch seinen Atem (1. Mos. 2,7), der Ausdruck des Schöpfergeistes ist. Die Träumerin erlebt das kosmische Prinzip zunächst als Atem und dann als Kind, das im Stubenwagen, der vor der Mumie steht, liegt. Beide Symbole, Atem und Kind, sind hier Sinnbilder für die Erfahrung des Wiederbeginns alles Lebendigen; ihre Bildkraft akzentuierte das Ende der Depression und vermochte der Seele Hoffnung zu geben.

Was hier die beiden Frauen in privater Vereinzelung in ihren Träumen als Wiederbelebung und Neubeginn erlebten, hat im großen über die Zeitläufe hinweg die Menschheit je und je beschäftigt. Vielzählig sind die Weissagungen über eine neue Zeit und über ein kommendes Goldenes Zeitalter. Man denke an die altägyptischen Prophetien, an die jüdische und johanneische Apokalypse, man erinnere sich aber auch an die Prophetie des Jesaja über den Friedensfürst. Auch da ist von einem Kind die Rede: «Denn ein Kind ist uns geboren, ein Sohn ist uns gegeben, (. . .). Groß wird die Herrschaft sein und des Friedens kein Ende (. . .)» (Jes. 9,6/7) – In diesem Zusammenhang verdient auch das berühmte und rätselhafte Hirtenlied, die sogenannte vierte Ekloge (40/42 v. Chr.) des römischen Dichters Virgil, Erwähnung. Auch hier ist die Rede von einem Kind, das die Erde «von dem ewigen Graus» erlöst. Über dieses Kind heißt es:

«Das Erdreich selbst, lieber Knabe, wird lachende Blumen, kleine Geschenke für dich, ausstreuen, deine Wiege sich in einen Wundersegen von Blüten kleiden. Auch die Tiere des Feldes werden dir huldigen.»

Dieses Kind, so heißt es weiter, wird das Goldene Zeitalter einleiten:

(. . .) «es gibt keine Mühsal mehr, alles ist wie im Märchenlande. So will es das Schicksal, dessen Walterinnen, die Parzen, nach ewigem Ratschluß an ihrem sausenden Webstuhl die Fäden der neuen Zeitperiode einspinnen.» (Norden, S. 9/10)

In den Prophetien nimmt die Heilserwartung Gestalt an, eine neue Zeit wird erwartet. Für einen solchen glückhaften Neubeginn und die damit einhergehende Erlösung von aller Erdenpein wird von alters her und weltweit das Kind-Symbol verwendet. Den Heilserwartungen ganzer Völker und Gesellschaften, die im Symbol des Kindes eine alles neu machende Kraft sehen und ersehnen, entsprechen in der Einzelpsyche jene geträumten Kind-Symbole, welche bisweilen die Endphasen von Depressionen kennzeichnen. Auch diese Kinder verheißen eine glückhafte Lebensphase, auch sie können ein neues Lebensgefühl einleiten. Sie sind letztlich Ausdruck des Lebens schlechthin und können als Äußerungen des ewig menschlichen, kollektiven Unbewußten gewertet werden. Mit dieser Tiefenschicht des seelischen Lebens sind wir zwar alle verbunden, können jedoch deren Inhalte niemals voll integrieren. Das Kind-Symbol ist deshalb zwar trost- und hoffnungsvoll auf Neues hindeutend, das Versprechen auf eine bessere und glücklichere Zeitspanne kann indes nicht von ihm abgeleitet werden. Das Kind im Traum sollte einen nie darüber hinwegtäuschen, daß wir einen «Erdenrest» (Goethe) tragen und deshalb das Kind in seiner Bedeutung als Lebenskraft schlechthin nie ganz integrieren können.

Lebensmitte

Es ist das Verdienst des Tiefenpsychologen C. G. Jung, das Leben als ein ständig sich erneuerndes aufgefaßt zu haben. Der einmal gelernte Beruf, die Eroberung eines Platzes in der Welt, die Gründung einer Familie und die Integration in den Lebensprozeß im allgemeinen dürfen nicht als Ende aller im Dasein zu leistenden Aufgaben angesehen werden. Das Leben geht weiter und verlangt unerbittlich neue Anpassungs- und Reifungsschritte. Gerade an der Nahtstelle zwischen erster und zweiter Lebenshälfte stellt sich bei vielen Menschen eine Krise ein. Der Lebensmittag neigt sich seinem Ende zu, und das Leben will auch begriffen werden als eines, das sich vom Tode her erfährt. Diesen Schritt machen zu können, fordert vom einzelnen eine große Umstellung und Neuanpassung. Der unbarmherzige Gedanke «auch du bist alt geworden» verlangt nach Verarbeitung; die bisherigen Lebensziele erfordern eine neue Ausrichtung, neue Werte werden wichtig. Diese Umkehr machen wir oft nicht willig mit, sie bringt uns zunächst in Schwierigkeiten, stürzt uns in Orientierungslosigkeit, bisweilen auch in seelische und körperliche Krankheit. Angesichts des Endes, des Todes, ist eine Verwesentlichung des Menschen erforderlich. In dieser Umschichtungsphase beginnt sich manch einer auf die Dinge zu besinnen, die noch zu tun sind und welche er unbedingt getan zu haben wissen muß, bevor es zu spät ist.

Es ist in diesem Umfeld der seelischen Neuorientierung nicht selten, daß man – besonders häufig Frauen – von Kindern träumt. Sie gebären ein Kindchen, sind selig darüber und empfinden noch einmal die Wonne, ein kleines Wesen ihr eigen nennen zu dürfen. Diese Traum-Kindchen haben nicht selten Besonderheiten an sich; es sind Däumelinchen, winzig kleine Wesen, die sorgsam getragen werden müssen, es sind Kinder, deren Gesicht sich plötzlich verwandelt: aus einem jubelnden Kindergesicht wird unversehens ein altes, kluges Gesicht. Schließlich findet man diese Kinder im Traum an den merkwürdigsten Orten. So liegt ein solches Paketchen mit einem Kind plötzlich auf dem Fenstersims. Oder: das Kind ist einfach da, wird nicht eigens geboren, sondern macht laut schreiend seine Präsenz kund und stellt Forderungen, die weit über sein Alter hinausgehen.

Kinder, in dieser Zeit der Lebensmitte geträumt, weisen nicht auf konkrete Kinder hin – wenngleich manche Frauen in der Lebensmitte noch ein Kind gebären –, es sind im Gegenteil bedeutsame, besondere Kinder, die wohl am besten die seelische Neuorientierung symbolisieren. Noch einmal soll es eine Zukunft geben! Ausrichtung auf den Tod kommt nicht einem Die-Hände-in-den-Schoß-Legen gleich, um stumpf und resigniert das Ende zu erwarten. Ausrichtung auf das Lebensende heißt Verwesentlichung, wie bereits gesagt, bedeutet einen weiteren Selbstwerdungsschritt. Das Kind im Traum um diese besondere Zeit herum eröffnet die gleichen Gefühle wie damals, als man die leiblichen Kinder gebar: Freude, Glück, Seligkeit und eine intensive Zukunftsausgerichtetheit. Ein kleines Kind erfordert der Eltern ganzes Mitgehen mit den minimalen Veränderungen, bedeutet Anpassung und williges inneres Mitwachsen. Ich meine, es seien genau diese Gefühle, die uns in der Lebensmitte not tun; zu sehr hat man sich doch eingenistet in den täglichen Trapp, zu sehr walten Routine und Komfort, zu stark macht sich bisweilen die Langeweile bemerkbar. Das Kind im Traum eröffnet (zunächst allerdings bloß im Traumerleben) diese vergessenen, jedoch neuen Schwung verleihenden Aufbruchsgefühle. Genau sie sind jedoch wesentlich, damit der Übergang vom Lebensmittag in den Lebensabend bestanden werden kann. Das Kind im Traum, man weiß nicht, was es bedeutet, ist sich ankündigendes, neues Leben, das als höchster Wert von uns gewürdigt, gehegt und gepflegt sein will. Das Traum-Kind benötigt andere Haltungen von uns, solche, die im Widerspruch zu den bisherigen Routinehaltungen stehen. Wohl geht es um eine Ausrichtung auf das Ende, diese Ausrichtung ist aber, und da steckt der Widerspruch, gleichzeitig neues Leben. Ich halte es für höchst sinnvoll, daß die Träume zu diesem Zeitpunkt oft von einem Kind sprechen. Nicht wir sind es, die wir uns verjüngen, sondern etwas außerhalb von uns; dieses sich ankündigende, neue Stück Leben verlangt eine andere Verantwortung. Wir sind verantwortlich für unsere zweite Lebenshälfte. Es handelt sich, wie bei einem realen Kind, um eine Aufgabe, der wir uns letztlich nicht entziehen können.

Das «Rumpelstilzchen»-Märchen (KHM 55) der Grimmschen

Sammlung beschreibt in seinen Bildern einen solchen Lebens-
übergang, wobei das Kind-Symbol eine entscheidende Rolle
spielt. Man erinnere sich: ein Vater überläßt seine Tochter
einem Freier mit einer Lüge. Meine Tochter, so prahlt er, kann
nicht allein Stroh verarbeiten, sie kann so gut spinnen, daß aus
dem Stroh Gold wird! Welcher Freier zierte sich da noch und
schlüge nicht – die Tochter unbesehen – in den Handel ein? Der
Vater ist seine Tochter los, und der Königssohn hat ein Goldese-
lein im Stall. Allein, für die Märchenheldin ist die Situation
schwierig und auch quälend, wie denn sollte sie fähig sein, Gold
aus Stroh zu machen? – Halten wir einen Moment lang inne und
versuchen, die bildhafte Darstellung des Märchens in einen
praktischen Bereich zu übersetzen und so zu entwirren!

Es gibt durchaus Väter, die ihre Tochter über das Bohnenstroh
loben, die ihnen nie in ihrer Eigentlichkeit gerecht werden, sondern sie weit besser sehen, als sie sind. Meist geschieht das auf
diese Weise: sie prahlen mit ihrer Tochter, sagen jedem, der
immer es hören will, wie gescheit, klug und anmutig die Tochter
sei. Zu Hause aber, wenn niemand es hören noch sehen kann,
wird eine andere Saite aufgezogen. Da ist dann die Note, die von
der Schule heimgetragen wurde, ein «nichts als», versehen mit
der Bemerkung «Das nächste Mal muß es besser sein!» Oder: da
überrascht ein Vater seine Tochter vor dem Spiegel stehend und
wirft die abschätzige Bemerkung hin, sie solle sich endlich
gerade halten; wenn sie sich so wenig pflege, werde sie nie einen
Mann bekommen. Und schließlich ist die abwertende Aussage
über die Tochter zur Mutter, sie solle ihr doch endlich einen
Büstenhalter kaufen, nicht zu überhören. Derart verschaukelt
zwischen Prahlerei und Geringschätzung, bleibt bei der Tochter
das Gefühl haften, sie sei nicht gut genug. In der Folge wird sie
sich übermäßig anstrengen, denn welche Tochter möchte nicht
wieder den liebevollen, stolzen Papi der frühen Kindheit zurück-
haben, den Papi, dessen Sonnenschein sie jahrelang war?

Auch wenn die Tochter längst nicht mehr zu Hause wohnt, sich
also, wie man sagt, von den Eltern abgenabelt hat, ist das

Gefühl, nicht zu genügen, mitgezogen und bewirkt, daß sie sich dauernd übermäßig anstrengen muß, um für sich das Gefühl des Genügens zu erlangen. Sie beginnt, über ihre Möglichkeiten hinaus zu leben, fördert den Verhältnisblödsinn (Unverhältnismäßigkeit), nimmt mehr Arbeit an, als sie bewältigen kann, gibt vor, mehr zu wissen und zu können, als sie es tatsächlich tut. Sie kleidet sich über ihre Verhältnisse und täuscht ihrem Partner im Intimbereich mehr Lust vor, als sie tatsächlich empfindet. Der Vater ist ein innerer geworden, er lebt als Instanz in ihr weiter und stachelt sie zu Erfolgen an. Hat sie diese nicht, so fühlt sie sich so elend wie einst zu Hause, wo die abschätzigen Bemerkungen über sie an der Tagesordnung waren. Heiratet sie, so hält sie dafür, das Niveau unter allen Umständen zu halten, fühlt sich dem Zwang unterworfen, perfekt zu sein und Familie, Beruf und alles Drum und Dran auf einen Nenner zu bringen. Das tut sie oft um den Preis ihrer Gesundheit, sie hilft mit Tranquilizern nach und erreicht so die ausgeglichene, holde Weiblichkeit, für die sie geliebt wird, und daneben ist sie außerdem noch gescheit und klug.

Ein solcher Zustand kann nicht andauern: die innere Aushöhlung macht sich bemerkbar, immer mehr geht die Rechnung auf ihre Kosten, und sie mag an einen Punkt kommen, wo sie das Ganze nicht mehr bewältigt und zu merken beginnt, daß sie für ein Ideal der Perfektion lebte und diesem alles opferte, vor allem ihre eigene Entwicklung. Wer, wie diese Frau, Stroh zu Gold machen muß, steht unter Streß. Wohl führt sie scheinbar eine perfekte Ehe, wohl hat sie die nettesten und besterzogenen Kinder und ist außerdem geschätzt für ihr berufliches Können und sehr gefragt für ehrenamtliche, soziale Aufgaben in der Gemeinde. Sie hat indes in ihrem Leben wiederholt, was ihr Vater ihr antat: er prahlte mit ihr bei Verwandten und Freunden und hat die Tochter benutzt, um seine eigenen Bedürfnisse nach Anerkennung und Echo zu befriedigen. Er war der Herr X mit der reizenden und klugen Tochter.

Kehren wir zum Märchen zurück! Wer hilft der Heldin denn, das

Stroh zu Gold zu spinnen? Ein Kobold ist es, das Rumpelstilzchen! – Bei der Bewußtwerdung über einen Lebensgang, wie den eben geschilderten, ist es wesentlich und bedeutet es einen ersten Schritt der Reifung, daß sich das Ich vom Seelenhintergrund unterscheidet, sich das Ich vom Rumpelstilzchen als unterschieden wahrnimmt. Das Ich und das Rumpelstilzchen sind zweierlei Dinge! Bezogen auf unser Beispiel sind das Ich und der Vaterkomplex zweierlei. Wie C. G. Jung nachgewiesen hat, wirken solch autonome Komplexe wie Teilpersönlichkeiten und benehmen sich wie solche im seelischen Innenraum. Es ist außerordentlich wichtig, daß sich das Ich aus der Identifikation mit ihnen herauslöst. Das dauert meist eine lange Zeit, denn die unbewußten Voraussetzungen unseres Wesens und unseres Tuns sind nicht von vornherein erkennbar. Wir benehmen uns einfach «so», unhinterfragt und unreflektiert.

Die Frau in unserem Beispiel sah nicht, daß ihr Vaterkomplex sie ein Leben führen ließ, das auf Kosten ihrer inneren Entwicklung ging. Sie konnte nicht sehen, daß da ständig ein Rumpelstilzchen in ihr wirkte und sie zu noch perfekterem Tun verleitete, und wozu? Um zu gefallen, um das Bild zu erfüllen, das sich ihr Vater von ihr gemacht hatte und das sich in der Beziehung zu ihrem Ehemann wiederholte. Sie war eine Frau geworden, welche die Erwartungen der Männer erfüllte. Sie befriedigte die Anima ihres Mannes, wie zuvor jene ihres Vaters. Mit anderen Worten, das unbewußte Frauenbild in Vater und Ehemann hatte für sie Aufforderungscharakter und verlangte, daß sie sich ihm anglich. Daß sie das tat, hing auch mit ihrer Mutter zusammen. Diese hatte ihr ein Frauenleben vorgelebt, in dem die Frau die Vorstellungen des Mannes zu erfüllen hat. Dabei hatte sie ihrer Tochter einen geringen Dienst getan und schlechte Voraussetzungen geschaffen für eine eigene, autonome Entwicklung. Wie in der Realität so hat auch im Märchen die Mutter nicht eingegriffen, sie stellte sich dem «Verkauf» ihrer Tochter nicht in den Weg. Erst eine

Analyse kann hier helfen, und in vielen Fällen, die ähnlich wie der eben referierte gelagert sind, setzt der Impuls zur Wandlung und Veränderung in der Lebensmitte ein. Dann nämlich, wenn sich das angestammte Lebensmuster zur Genüge erfüllt hat und sich in der Tiefe der Seele die Strebungen nach eigenständiger Entfaltung zu melden beginnen. In der Analyse geht es zunächst darum, die Kindheit bewußt zu machen und sehen zu lernen, in welcher Weise ein unbewußter Vaterkomplex ein Leben in dieser Weise anlegen kann.

Wie lange dauert das grausame Spiel denn noch? Wie lange muß die Märchenheldin weiterhin die Hilfe Rumpelstilzchens in Anspruch nehmen, um aus Stroh Gold zu machen? Als Rumpelstilzchen zum drittenmal helfen muß, das Übel abzuwenden, verlangt es das eigene Kind der Heldin, es sei denn, es gelinge dieser, seinen Namen herauszufinden.

Die Frau, von der bislang die Rede war, geriet zur Zeit der Lebensmitte in eine Krise und fiel in große Orientierungslosigkeit. In einer länger dauernden Analyse überdachte sie ihren Lebensgang, wobei sie lernte, den Vaterkomplex – das Rumpelstilzchen – von sich zu unterscheiden. Es gelang ihr, sich allmählich freizumachen vom väterlichen Druck, der ihr Leben bislang bestimmt hatte. Dadurch wurde sie offener für andere Seiten, die zu kurz gekommen waren: Muße, Gefühlswerte, Hingabe an Liebhabereien und Verfeinerung ihrer Talente. Absichtlos, spielerisch, ohne Streß, Druck auf Erfolg und Produktivität begann sie, Teile ihrer Tage zu gestalten. Ein sie beeindruckender Traum sei hier angefügt:

In meiner Nähe ist ein Goldhamster, dieser verwandelt sich und wird zu einem Kind. Dieses Kind liebe ich sehr und fühle mich mit ihm innig verbunden. Das Kind ist ein zurückgebliebenes Kind, dem ich vieles beibringen muß. Ich befinde mich mit ihm im Garten, und da ist eine Spielanlage, die ich vor dem letzten Winter gebaut habe. Kleine Stauden und Häuschen sind da, ein Flüßchen, das sich hindurchwindet, Blumen kommen dazwischen hervor, Krokusse und andere. Hier spiele ich nun mit dem Kind. Einmal gelingt es dem Kind, einen Wollfaden unter ein Stoffstücklein zu schieben.

Diese einfache Handlung verlangt vom Kind größte Konzentration und Fingerfertigkeit. Ich freue mich riesig, als es ihm gelungen ist, den Faden unter den Stoff zu schieben. Es ist eine ganz andere Freude, als ich sie bis dahin kannte. Es ist die Freude darüber, daß diesem Kind etwas Schwieriges gelungen ist; ich spüre seinen Stolz und seine Freude.

Der Traum leuchtete ihr unmittelbar ein und sagte ihr, es gehe nun darum, den Goldhamster abzulösen. Unter Goldhamster verstand sie ihr bisheriges Tun und Trachten, das zu einseitig auf Sicherheit und Geldverdienen ausgerichtet war. Wie fein hatte der Traum doch das Symbol gewählt: ein Goldhamster hamstert für die Sicherheit, und sein Name weist auf das Gold – das Geld – hin. Sie begriff, daß sich dahinter ein zurückgebliebenes Kind verbarg, dem sie sich nun zuwenden wollte. Sie schöpfte Mut aus dem Traum, zeigte er sie doch als jemand, der durchaus in der Lage war, sich dem Kind zuzuwenden. Sie läßt sich im Traum auf die kleine Spiellandschaft ein, stimmt sich auf die Größenverhältnisse des Kindes ein und spielt mit ihm, lehrt es aber gleichzeitig einfache Handgriffe. Die Freude, die sie über das Gelingen empfindet, ist eine tief mütterliche, die sich nicht an der eigenen Leistung freut, sondern aus den Fortschritten des Kindes Befriedigung schöpft. Das Kind schien ihr für all jene Seiten zu stehen, die in ihrem Leben bisher zurückbleiben mußten, nun aber danach riefen, integriert zu werden. Dies nicht auf Kosten der beruflichen Ausrichtung, doch immerhin als gleichwertig neben dieser. Das Kind war auch ein Versprechen für ein neues Leben, für eine noch einmal geschenkte Zukunft, in der sich ihr Wesen aus der einseitig gesellschaftlichen Ausrichtung zugunsten größerer Ganzheit herausbilden sollte. Bislang nicht Gelebtes wurde wichtig und begann sie mit Genugtuung zu erfüllen. Ihre Einstellung zum Leben insgesamt wandelte sich, es erschien ihr unter einer anderen Optik: als ein zu verantwortendes, als eine Verantwortung, die jener gleicht, die eine Mutter für ihr Kind empfindet. Sie gab ihren Beruf nicht auf, begann ihn jedoch anders zu erleben. Arbeit wurde weniger als Streß empfunden denn als Aufgabe, der sie sich vermehrt in liebender Zugewandtheit widmen konnte. Ein weiterer, sprechender Traum von ihr sei hier noch angefügt:

Ich habe die Stelle meiner ehemaligen Kindergärtnerin übernommen und amte nun als Kindergärtnerin. Man sagt mir, meine Kindergärtnerin sei pensioniert worden. Ich habe ein verletztes Kind auf dem Schoß und gebe mich liebevoll mit ihm ab. Es gleicht mir als Kind. Es ist dies eine absolut ungewohnte Situation, in die ich überhaupt nicht hineinzupassen scheine. Sie gefällt mir aber außerordentlich, und es fallen mir immer mehr Dinge ein, die ich mit den Kindern machen könnte. Ich staune darüber. Schließlich finde ich es aber eine gute Idee, mein Leben entsprechend umzugestalten und beruflich halb in meinem angestammten Beruf und halb als Kindergärtnerin tätig zu sein. Auch werde ich das aushalten können, da ich ja nicht rund um die Uhr im Kindergarten sein muß, sondern nur für bestimmte Stunden dort bin. Solche und andere Gedanken gehen mir im Traum durch den Kopf und dann immer wieder das Erstaunen, daß ich das tun will, daß ich es kann, daß ich mich im Ungewohnten zurechtfinde und außerdem noch Freude daran habe.

Dieser Traum ähnelt insofern dem Goldhamster-Traum, als es sich auch hier um ein Kind handelt, das Pflege und Zuwendung benötigt. Wiederum gibt die Träumerin diese in hohem Maße. Sie macht die Erfahrung, etwas tun zu können – und gar Freude daran zu empfinden –, was sie bis dahin noch nie erlebte. Ja, sie wird ihr Leben anders einrichten und sich vermehrt zu den neuen Seiten hin öffnen.

Halten wir einen Moment lang inne und fragen uns, was das bisher Gesagte noch mit dem «Rumpelstilzchen»-Märchen zu tun hat. Im Moment, wo Rumpelstilzchen das Kind fordert, bewegt sich die Geschichte einem anderen Ende zu, als der Beginn hätte vermuten lassen. Hier liegt die Wende des Geschehens in unserer Heldin: das Kind will sie nicht geben, das Kind soll nicht geopfert werden, es ist kostbarer als das zu Gold gesponnene Stroh. In jede Richtung schickt sie ihre Helfer und Helfershelfer aus, um den vertrackten, unbekannten Namen zu entdecken. Mit anderen Worten: sie bemüht ihr ganzes Wesen, all ihre Möglichkeiten, um die Rettung des Kindes zu erwirken. Die Krise der Lebensmitte erfordert einen solchen Einsatz, fordert uns ganz, total heraus. Aber trotz diesem unbedingten Gefordertsein liegt es letztlich nicht an uns, sondern an der Fügung, sollen die Dinge gut ausgehen. So ist es auch im Märchen dargestellt: durch Zufall, durch Fügung wird der Name bekannt. Seelische Änderung und Neuorientierung sind paradox, sie fordern all unsere Möglichkeiten heraus, und doch ist die Wandlung nicht von uns abhängig, sondern von der Fügung. C. G. Jung umschrieb dies mit dem Ausdruck «Deo concedente», mit «Gottes Einwilligung» gelingt die Wandlung.

Der Kobold wird gefunden, sein Name gehört, den er selbstvergessen in dem bekannten Sprüchlein vor sich her singt:

«Heute back' ich, morgen brat' ich,
Übermorgen hol' ich der Königin ihr Kind;

Ach, wie gut, daß niemand weiß,
Daß ich Rumpelstilzchen heiß'!»

Rumpelstilzchen wird erkannt, das Kind darf am Leben bleiben. Ich meine, daß eine auf Perfektion ausgerichtete Frau, die überdies noch den Zwiespalt Familie–Beruf lebt, erst dann zu ihrer Eigentlichkeit findet, wenn sie den Vaterkomplex, der sie ein Leben lang zu unermüdlicher Arbeit angetrieben hat, erkennt und ihn benennt. Etwas einen Namen geben, bedeutet, es benamen, heißt Erkenntnis und auch Bannung. Die Erkenntnis geschieht im Märchen durch das Finden des Rumpelstilzchens in einer fernen Gegend. Erkenntnis findet man psychologisch gesehen da, wo wir in unserer seelischen «Geographie» den Komplex aufspüren und um ihn wissen. Was im Märchen ein für allemal geschieht, bedeutet im Leben ein «immer wieder», nicht einmal, sondern unzählige Male muß der Komplex erlebt, erlitten und erkannt werden, damit wir aus seinem Bannkreis herauskommen.

Im Neuen Testament gibt es eine Erzählung (Mt. 12,43−45), nach der es mit Gottes Hilfe gelingt, einen bösen Dämon auszutreiben. Der Dämon, oder der böse Geist, hält nun unterwegs Zwiesprache mit sich selber und fragt sich, wohin er denn nun seine Schritte lenken wolle. Da fällt ihm ein, er könnte wieder zurückkehren, und bald darauf kommt er an seinem vormaligen Wohnsitz an, der nun schön bestellt und geschmückt ist. Da kehrt er wieder ein und bringt gleich noch sieben andere böse Geister mit. Der Sinn dieser Erzählung ist wohl der, daß, psychologisch gesprochen, ein Komplex störender Art zwar erkannt und vertrieben werden kann, doch braucht es zu seiner Überwindung auch noch die Wachsamkeit. Da war man nicht wachsam, sondern richtete sich allzu naiv im Wohlbehagen ein.

Gesamthaft gesehen, stellt das Märchen den Umschwung in der Beziehung einer Frau zu ihrer Arbeit dar. Ich meine, daß wir Frauen die geforderte Arbeit nur dann ohne Streß, Qual und Zwiespalt tun können, wenn wir uns ihrer wie einem Kind annehmen, wenn wir uns dafür verantwortlich fühlen und das damit verbundene Talent anerkennen im Sinne der Aussage «Eine Gabe ist eine Aufgabe». Erst dann sind wir erlöst und können unsere Tätigkeiten als Frauen in weiblicher Bezogenheit erfüllen. Der so unselige Zwiespalt zwischen zwei Aufgabenbereichen – Familie und Beruf – löst sich im Symbol des Kindes.

Ein solches Kind ist in vielen Fällen das Kind der Lebensmitte, das uns auffordert, die bislang zu wenig gelebten Möglichkeiten zu integrieren und der Ganzheit zuzustreben.

Das Kind im Umkreis des Todes

Den letzten Neubeginn, den wir Menschen begehen, ist der Tod. Es handelt sich dabei um ein Beginnen ganz anderer Art als die bis dahin im Leben geleisteten Übergänge. Erlebt sich der einzelne auf seiner Lebensbahn allein, so ist dieses Alleinsein ein nur scheinbares. Ähnliche Situationen werden von anderen

Menschen auch erfahren und, ist man nur gewillt, so kann man sich durch Aussprache und Lektüre mit den Lebenserfahrungen anderer in Beziehung setzen und auf diese Weise das Gefühl des Alleinseins abbauen.

Im Tod sind wir hingegen wirklich allein, ihn haben wir allein zu bestehen und keiner weiß, was nachher kommt.

Interessanterweise läßt sich das Kind-Symbol auch im Umkreis des Todes finden. Phantasien und Träume Sterbender kreisen bisweilen um das Kindsein und das Sinnbild des Kindes. Das Erscheinen des Kindes in diesem letzten Lebensabschnitt scheint die Bedeutung einer neuen Wandlungsstufe zu haben. Der Gedanke daran ist uralt: so pflegten in der Antike viele Völker ihre Toten in Fötusstellung mit eingezogenem Kopf und angewinkelten Beinen zu begraben. Manchmal benutzte man als Sarg entsprechend geformte Gefäße. In dieser Bestattungsart tut sich die Vorstellung kund, daß der Mensch, als Kind geboren, im Tode wieder als Kind in den schöpferischen Urgrund eingeht.

Alter Überlieferung entstammt auch die tellurische (erdhafte) Abkunft des Kindes: aus dem Wasser, aus der Erde kommen die Kinder. So war es und ist es zum Teil noch heute der Brauch, das neugeborene Kind auf die Erde zu legen und es vom Vater aufheben zu lassen, um damit des Kindes Herkunft von der Erde – der überpersönlichen Mutter – zu bekunden. Einen Abglanz dieser weltweit verbreiteten Vorstellung haben wir noch im Volksglauben, Kinder kämen aus dem «Kindliteich». Auch der Glaube an den Storch zeugt von dieser Idee. Der Storch holt das Kind aus sumpfigen Gefilden und bringt es den zukünftigen Eltern. – Aus der Erde kommen wir, zur Erde gehen wir zurück. Die Bibel faßt diesen Gedanken in folgende Worte: «Denn alle gehen wir an einen Ort; alle sind sie aus Staub geworden, und alle werden sie wieder zu Staub.» (Pred. 3,2) Weltweit sind Sterbe- und Grablegungsriten vom Glauben getragen, daß der Mensch in seinem Sterben wieder Kind der Mutter Erde wird und somit eingeht in den Zyklus des sich ständig erneuernden Lebens.

Bilden Kind, Geburt und Lebensbeginn eine Einheit, die selbstverständlicher nicht gedacht werden kann, so scheint es mir auch einen gewissen Zusammenhang mit Tod und Kind zu geben. Dieser Gedanke ergibt sich nicht nur aufgrund der eben dargelegten Glaubensvorstellungen und Rituale; Träume und Phantasien Sterbender lassen ihn ebenfalls aufleuchten. Der Gedanke an einen solchen Zusammenhang kam mir indes, als ich bemerkte, daß in der lateinischen Sprache die Bezeichnung für Enkel ursprünglich «avunculus», kleiner Großvater bedeutet. Damit ist die Vorstellung verbunden, daß der Großvater beziehungsweise dessen Seele sich als Ahnenseele im Enkel inkarniert. Die Seele der sterbenden Familienpersonen stehen demnach in einem geheimen Zusammenhang mit den ins Leben tretenden Kindern.

Diese Vorstellung zeigte sich auch in dem folgenden Traum einer vierzigjährigen Frau, die in einer Krise stand und deren Leben sich durch diese erneuern sollte. Im Traum stirbt ein alter Mann. Die Träumerin blickt in den Sarg und entdeckt in ihm zu ihrem großen Erstaunen ein kleines Kind. Der Traum weist in seinen symbolischen Bildern deutlich auf die zyklische Erneuerung des Lebens hin:

Ich ging zu einer Beerdigung. Es war ein bekannter alter Mann gestorben, ein Patriarch. Die ganze, große Familie ging zur Beerdigung. Eltern von Schülern waren auch dabei. Wir warteten auf den Pfarrer.
Auf Kieferbrettern rings um den Sarg standen Figürchen, Bastelsachen, wohl von den Enkeln. Ich fand das seltsam für einen Verstorbenen als Geschenk.
Der Pfarrer kam. Man konnte noch einen Blick auf den Toten werfen. Ich blickte in den Sarg: da war aber ein ganz kleines Kind. Und das lebte noch. Ich erschrak und dachte: Das ist ja ganz verkehrt! Das lebt ja noch! Zweifel. Ob man die Trauerfeierlichkeiten jetzt abbricht? Man muß ihm noch eine Chance geben. Man kann doch kein lebendes Kind beerdigen.

Zwar ging es bei dieser Frau nicht um ein konkretes Sterben, doch die innere Wandlung zeigte sich als ein Sterben und Wiedergeborenwerden und symbolisierte dies durch den alten Mann und seine Verwandlung in ein Kind. Die Großvater-Enkel Verbindung wird im Traum durch die um den Sarg angeordneten Geschenke der Enkel versinnbildlicht.

Schließlich beeindruckten mich die Phantasien einer sterbenden krebskranken Frau außerordentlich und legten ebenfalls die Vorstellung einer zyklischen Erneuerung des Lebens selbst noch im Tode nahe. Zweimal durfte ich es miterleben, wie diese aus dem Delirium wieder zu sich kam und ganz klar und insistierend ihrer Tochter zur Geburt eines Mädchens gratulierte. Das war nicht Ausdruck des Deliriums, sondern schien mir ein Hinweis auf das geheime Ahnen zu sein, daß das Leben im Tod nicht abbricht, sondern sich erneuert. In ihrem Sterben wurde, so empfand ich es, seelisches Potential frei, das sie in diesem Phantasiekind ihrer Tochter zuschrieb. Leben stand in einem geheimen Zusammenhang mit dem Tod, und der Tod war nicht Abbruch, sondern Neubeginn.

Ich möchte diesen kleinen Abschnitt beschließen mit einem eindrücklichen Traum, den eine ebenfalls krebskranke Frau eine Woche vor ihrem Tod träumte. In beeindruckender und trostreicher Weise wird hier das Sterben als ein Eingehen in die Große Mutter geschildert; Tod ist in dieser Sicht Befähigung, wieder Kind zu werden im Schoß einer größeren Macht:

Ich schlüpfe unter den Mantel einer weiblichen göttlichen Figur. Da ist bereits mein Vater, aber auch noch andere Menschen befinden sich unter diesem Mantel. Der Mantel ist schwarz, die weibliche Figur überlebensgroß. Unter ihrem Mantel bin ich geborgen.

Als die Frau diesen Traum geträumt hatte, war sie gewiß darüber, daß sie bald werde sterben müssen, obschon die Ärzte noch lange nicht mit dem Ereignis rechneten. Sie erzählte den Traum der sie regelmäßig besuchenden Pfarrerin und bat diese, den Traum vielen Menschen zu erzählen, um ihnen zu sagen, daß im Tod auch etwas Tröstliches beschlossen sei. Wohl als Folge des Traumes legten sich die Ängste der Kranken, und sie sah mutig und gefaßt ihrem Ende entgegen. – Die große Frau, unter deren Mantel sie im Traum schlüpfen durfte, erinnert sehr stark an die Schutzmantel-Madonna, die vielen Menschen Schutz bietet und unzählige Künstler inspirierte. In der göttlichen Frau erscheint die Muttergöttin als schutzgebende Gestalt, zu der der Mensch in seinem Sterben als Kind zurückkehrt.

Das heilige, göttliche Kind

Vom Schriftsteller Friedrich Huch (1873–1913), einem Neffen der bekannten Dichterin Ricarda Huch, ist folgender Traum überliefert:

Ich gehe allein in das alte Haus. Inwendig ist ein einziger, hoher, riesiger Raum wie in einer Kirche. In seiner Mitte sind Altarstufen, oben sitzt ein Kind. Ich gehe zu ihm hin, werfe mich vor ihm nieder, umklammere es und breche in Schluchzen aus. (Kiessig, S. 155)

Es ist unbekannt, in welchem Zusammenhang Huch diesen Traum träumte; weder läßt sich etwas über die Lebenssituation aussagen, in welche der Traum hineinspielte, noch kann gewußt werden, wie er diese beeinflußt haben mag. Der Traum beeindruckt indes durch seine Nüchternheit und durch die tiefe, erschütternde Emotion, die im Schluchzen durchbricht. Eine ungeheure Spannung begegnet uns: Nichtsahnend geht der Träumer in ein altes Haus, dessen Innenraum sich als Kirche erweist, in deren Mitte, durch Stufen erhöht, ein Kind sitzt. In Bann genommen von dieser Erscheinung, ist der Träumer bis in die Mitte erschüttert, fällt nieder auf die Knie und umfaßt das Kind in einer Geste der Demut und Hingabe. Unmittelbar wird deutlich, daß es sich um ein besonderes, ein göttlich-heiliges Kind handelt, das, zentral erhöht, den Menschen bis in sein Innerstes zu treffen vermag (vgl. Hark).

Das Kind Jesus

In unserer christlichen Religion ist die Vorlage für ein solches heiliges Kind der Träume Jesus, der als göttliches Kind in dunkler Nacht und größter Armut geboren wurde, so wie es die Geburtslegenden in den Evangelien nach Matthäus und Lukas berichten. – Das Kind ist zugleich ein göttliches und ein heiliges. Mit den beiden Adjektiven göttlich und heilig wird zum einen sein Ursprung im Göttlichen benannt und zum anderen auf seine Wirkung auf die menschliche Seele hingewiesen. Das Göttliche wirkt heilig, inspiriert zu heiligen Gefühlen und hat etwas Heil-, Ganzmachendes an sich.

Jesus in seiner Erscheinung als göttliches Kind ist Jahr für Jahr Mittelpunkt des Weihnachtsfestes. Seine wunderbare Geburt, die Anbetung durch die Hirten und die heiligen drei Könige, die sich zusammen mit Ochs und Esel um die Krippe im Stall zu Bethlehem scharen, hat die bildende Kunst in einem Maße beschäftigt wie kein anderer Lebensabschnitt seiner Geschichte. Ungezählt sind die Darstellungen dieses Geschehens, und oft tief zu Herzen gehend ist die Ausstrahlung dieser einen Szene.

Die Geburt, angekündigt durch den Stern von Bethlehem, wurde Josef schon lange vorher durch den Engel des Herrn im Traume geweissagt:

«Joseph, Sohn Davids, scheue dich nicht, Maria, dein Weib, zu dir zu nehmen; denn was in ihr gezeugt ist, das ist vom heiligen Geiste» (Mt. 1,20).

Und nur wenig später hat Josef wieder einen Traum. Darin wird die Gefahr angesprochen, die Jesus durch Herodes und den geplanten Kindermord von Bethlehem droht:

«Steh auf, nimm das Kindlein und seine Mutter mit dir und fliehe nach Ägypten und bleibe dort, bis ich es dir sage; denn Herodes will das Kindlein aufsuchen, um es umzubringen» (Mt. 2,13).

Und ein drittes Mal erscheint Josef der Engel im Traum. Er wird aufgefordert, aus Ägypten heimzukehren, wodurch der künftige Auftrag Jesu an Israel vorbereitet wird:

«Steh auf, nimm das Kindlein und seine Mutter mit dir und ziehe in das Land Israels; denn die, welche dem Kindlein nach dem Leben trachteten, sind gestorben» (Mt. 2,19).

Josef hört auf seine Träume und tut, wie ihn der Engel des Herrn geheißen. Wir können daraus ableiten, daß unsere Träume in ihren tiefsten Schichten eine geheime Verbindung zum Urgrund aller Dinge aufweisen und daß wir von ihnen bisweilen wegweisende Fingerzeige erhalten, wenn wir bloß gewillt sind, die Botschaft ernstzunehmen. Es ist letztlich die Seele des Einzelmenschen, die Antwort auf Not und Bedrängnis zu bringen vermag, es ist der einzelne schlechthin, von dem vieles abhängen kann. Diese Sicht auf die menschliche Würde und Verantwortung gerät je und je in Vergessen, und umso stärker ist der Mensch geneigt, lauthals nach sozialen und politischen Veränderungen zu schreien. Nicht so sehr im Außen als in uns drinnen beginnen sich das Neue und mögliche Wandlungen abzuzeichnen.

Die Weihnachtsgeschichte spricht von der Geburt des Göttlichen in der Seele des Menschen, wobei das Kind nicht von einem Menschen, sondern vom Heiligen Geist gezeugt ist. Auf diese Weise wird ausgedrückt, daß es sich um das Ganz-Andere, um eine andere Dimension handelt als die im menschlichen Umfeld bekannte. Etwas geht in der Seele auf, das unsere ganz besondere Hinwendung notwendig macht.

Das göttliche Kind wird von Maria ausgetragen. Wer ist Maria in uns und welche Qualitäten werden durch sie symbolisiert? Maria ist Inbegriff und Vorbild weiblicher Seiten in uns (nicht geschlechtsspezifisch zu verstehen!). Es ist in unserem Gefühl und nicht in unserem Intellekt, in dem sich Neues vorbereitet. Näherhin steht Maria auch für das Unbewußte und unsere Traumwelt; in diesen Bereichen keimt das Kommende und teilt sich unserem Tagesbewußtsein, wofür Josef steht, mit. Maria und Josef können näherhin als die zwei verschiedenen Bewußtseinsweisen angesehen werden, an denen wir als Menschen teilhaben. Es gibt verschiedene Benennungen dafür: patriarchales und matriarchales Bewußtsein, männliches und weibliches Bewußtsein. Ich für mich spreche am liebsten vom Tag- und Nachtbewußtsein. Im Nachtbewußtsein sind wir angeschlossen an das Unbewußte, an die Träume, die Gefühle und den Lauf der Zeit schlechthin. Im Tagbewußtsein streben wir nach Objektivität, Klarheit, Standfestigkeit und Zielgerichtetheit. Beide zusammen ergänzen sich und wirken im günstigsten Falle aufeinander ein, damit sich etwas Neues, oft im Kind symbolisiert, ergeben kann.

Es ist Maria, die das Jesuskind auf dem Arm trägt, und es ist wiederum dieselbe Maria, die den toten Sohn auf dem Schoß hält, so in den Pieta-Darstellungen, beispielsweise jener Michelangelos im Petersdom zu Rom. Die beiden wichtigsten Momente im Leben Jesu, Anfang und Ende eines jeden menschlichen Daseins – Geburt und Tod – sind mit einem Muttersymbol verknüpft. Was das bedeutet, darüber denkt man wohl ein Leben lang nach und benötigt je und je neue Auseinandersetzung. Das junge Leben zu schützen, zu hegen und zu pflegen, bedarf weiblicher Haltungen, den Tod anzunehmen und zu ertragen, bedarf offenbar abermals der Mutter und der ihr entsprechenden weiblichen Qualitäten. Maria hält eine göttliche Gestalt: Jesus, am Anfang und am Ende seines Lebens. Maria als Vorbild, als die einfache Magd, wie sie der Evangelist nennt, steht wohl stellvertretend für uns alle, gibt uns Weisen des Verhaltens an, die wir dem Göttlichen gegenüber einnehmen können, ruft uns auf, in ihrer Nachfolge uns der religiösen Erfahrung zuzuwenden.

Maria mit dem Kind, mit dem Sohn, was kann das weiterhin heißen? – So zart und schutzbedürftig wie ein kleines Kind ist das Göttliche in uns. Und wenn gesagt wird: das «Göttliche in uns», so ruft das gerade nach der Frage, was es denn sei. Ich meine, es sei vielerlei, das sich nur unangemessen und mangelhaft umschreiben läßt. Einmal ist es wohl unsere Ebenbildlichkeit Gottes, der göttliche Funke in einem jeden Menschen, der sich in den Momenten spüren läßt, wo wir das ahnungsvolle Gefühl empfinden dürfen, das Richtige zu tun und den richtigen Weg zu gehen. Des weiteren ist unser Bemühen zu nennen, das zu werden, was wir sind, und die eigene Lebensanlage wirklich werden zu lassen. Schließlich ist das Göttliche in uns unsere Befähigung zu dem Glauben, daß trotz aller Not und Pein ein Gott sei, der uns den «Mut zum Sein» (Tillich, 1962) schenkt. Und zuletzt sind jene Erfahrungen göttlich zu nennen, in denen wir das Erlebnis der Gnade machen dürfen. Diesen Momenten gegenüber sind weibliche Haltungen angezeigt, Haltungen des Erleidens, Erfahrens und Aushaltens. Der starke männliche Glaube gründet letztlich in weiblicher und gefühlsmäßiger Verankerung.

Vom Verhalten einer Mutter zu ihrem Kind kann abgeleitet werden, daß es die Unbedingtheit der Hingabe zum Religiösen braucht, ferner Beständigkeit, Liebe und schließlich auch Nahrung im übertragenen Sinne. Es geht auch um ein Annehmen dessen, was sich entwickelt. Maria mußte annehmen, daß sich Jesus von seinen Eltern abwandte und dem nachfolgte, der größer war als er (Lk. 2,41–52). Bei einem leiblichen Kind müssen wir Eltern bejahen, was sich aus dem Kind entwickelt. Dafür ist die Haltung des Mitgehens wichtig, denn das Leben, das sich aus einem Kind entfaltet, ist oft nicht dasjenige, das wir für das Kind wünschen, fordern und haben wollen. Genauso geht es mit unseren Erfahrungen im Dasein schlechthin. Das, was uns geschieht und sich als Geschick an uns vollzieht, gehört zu unserem Leben und erfordert Annahme, Verarbeitung, Hingabe, und sei es auch ein Schicksalsschlag, der durch Maria und ihren toten Sohn präfiguriert und symbolisiert ist. Damit uns ein solcher vielleicht zum Segen gereichen kann, scheint es mir notwendig zu sein, daß wir die Betrübnis und Erschütterung in uns aufnehmen, daß wir den Schlag beklagen, ihm in unserem Gefühl Raum geben, ihn aushalten und auch gewillt sind, die Hinweise aus den Träumen wahrzunehmen (vgl. Canacakis).

In diesem Zusammenhang erinnere ich mich an eine Frau, deren einziger Sohn noch im Kindesalter plötzlich an einem Unfall starb. Vier Tage vor dem tragischen Ereignis hatte sie den folgenden Traum, den sie zu jenem Zeitpunkt allerdings nicht einordnen konnte:

Ich stehe mit vielen, vielen Menschen auf der Straße in strömendem Regen. Es bildet sich allmählich ein Zug aus den vielen Menschen und bewegt sich in Richtung einer Grotte fort. Es heißt, einer werde gesegnet werden. – Wer ist das wohl? –, so frage ich mich, und dann: Sicher nicht ich. Es regnet unaufhörlich. Dann sind wir bei der Grotte, plötzlich bin ich in der Grotte und werde von einer großen, weiblichen Figur gesegnet. Sie erinnert mich an Maria. Ein nie gekanntes Gefühl ergreift mich.

Obwohl der Traum sie tief bewegte, sollte sie sich erst wieder einige Tage nach dem Unfalltod des Sohnes und inmitten ihrer Trauer an ihn erinnern. Er schien ihr in einer gewissen Verbindung zum Geschehen zu stehen, wie allerdings, war ihr damals nicht klar. Der Traum begleitete sie über Jahre und Jahrzehnte hinweg, war rätselhaft und bisweilen aber auch Trost spendend. Der Tod des Kindes kam ihr niemals als Segen vor, doch konnte sie Jahre später aus der Warte des Rückblicks sagen, daß dieser Traum sie vieles gelehrt hatte. Nämlich: das Annehmen des Verlustes und das bewußte An-ihm-Tragen. Es war die Verarbeitung des Schicksalsschlages, die ihr zum Segen gereichte. Sie sei, so meinte sie, damals eher männlich orientiert gewesen und habe der Machbarkeit aller Dinge nachgestrebt. Der Verlust des Sohnes habe allmählich zu einer Neuorientierung geführt und sie in ein anderes Verhältnis zum Dasein schlechthin gebracht. Maria sei ihr in den schweren Stunden zum Vorbild geworden, denn auch sie habe den Tod des Sohnes ertragen müssen. Segensreich habe sich ausgewirkt, daß sie das Leben nunmehr als Rätsel, nicht vorausplanbar und nicht berechenbar anzunehmen lernte; da habe die bislang ausgesparte religiöse Frage auch ihren Platz gefunden. – In diesem Sinn hatte die Frau das Göttliche, das ihr in diesem Schicksalsschlag als Schreckliches entgegentrat, menschlich gemacht, hatte sie aus einer furchtbaren Erfahrung – und eine solche ist diese immer geblieben – einen Segen ziehen können.

Doch zurück zur Weihnachtsgeschichte! Das göttliche Kind bewirkt etwas Neues und erreicht, daß sich Könige und Hirten, Ochs und Esel mit den Eltern, Maria und Josef, vor ihm beugen und es verehren. Das einfache Alltägliche, unsere Hirtenseite, sowie unser Wertsystem, dargestellt durch die drei Könige, sollen sich dem Kind und der neuen Erfahrung zuwenden. Die oben genannte Frau, deren Kind durch Unfall starb, hat das Geschehen in ihren Alltag hineingenommen und ließ es zu, daß ihre bisher königlich hochgehaltenen Werte langsam anderen, weiseren Platz machten.

Warum sind aber gerade Ochs und Esel auch dabei, wo doch im Neuen Testament nirgends ein Hinweis auf sie zu finden ist? Es gibt gelehrte Deutungen dafür, und die Theologie greift zu ihrer Erklärung gerne auf Jeseja 1,3 zurück, wo es heißt: «Der Ochse kennt seinen Meister und ein Esel die Krippe seines Herrn.» Auch hat man, den Kirchenvätern folgend, im Ochsen den Vertreter des Judentums und im Esel jenen des Heidentums gesehen.

Über diese Erklärungen hinaus darf an dieser Stelle noch eine psychologische Deutung genannt werden. Die heilige Familie im Stall zu Bethlehem mit den Hirten und den Königen bildet nicht allein das Umfeld der Christgeburt. Die sakralen Darstellungen symbolisieren näherhin unsern eigenen Seelenraum, in dessen Innerstem die Krippe steht als Gefäß und Stätte, wo das «Wort» Fleisch werden kann, wo das Göttliche im Menschen eine Wohnstätte findet. Dort, wo sich das Wunder der Menschwerdung Gottes ereignet, ist unser ganzes Menschsein auf den Plan gerufen, und es ist deshalb nicht von ungefähr, daß die Tiere, Ochs und Esel, als Vertreter unserer Instinktseite sich um den seelischen Inhalt versammeln. Nicht nur unsere einfache Alltäglichkeit, symbolisiert durch die Hirten, und nicht allein unsere Wertwelt, versinnbildlicht durch die Könige, nein, auch die Tiere sollen zugegen sein. Als Zeuge der göttlichen Geburt ist auch unsere Leiblichkeit gegenwärtig, sind auch Ochs und Esel wesentlich. Glauben heißt immer ganz glauben, mit Leib und Seele.

Doch kaum ist das göttliche Kind geboren, wird es auch schon durch Herodes bedroht. Kaum regen sich in uns Kräfte zu einer heilsamen Wende, so sind auch die Gegenkräfte geweckt, die wie Herodes nichts Neues weder neben sich noch über sich dulden. Es soll alles beim alten bleiben, weil Änderung ja auch immer mühsam und bisweilen schmerzlich ist.

Die Bedrohung des heiligen Kindes

Wofür steht das heilige Kind in uns? Ich meine, es bedeute näherhin auch unsere Möglichkeiten und Talente, unsere Potentiale, die wir in Gottes Auftrag entfalten sollten. Das göttliche Kind ist immer auch ein heiliges Kind. Das Wort heilig umfaßt neben seinem Bedeutungsreichtum innerhalb der religiösen Vorstellung immer auch noch den Hinweis auf heil, gesund, ganz und unversehrt. Das göttliche Kind ist demnach auch eines, das in uns die Gefühle erwecken kann, welche uns das Gesunde und Ganze erahnen lassen.

Wie sehr wir jedoch auch – wie Herodes – dagegen ankämpfen, sei nun am Gleichnis der Talente (Mt. 25,14–30) dargestellt. Man wird sich erinnern: der Hausherr reist außer Landes und überläßt Hab und Gut seinen Knechten. Dem ersten gibt er fünf, dem zweiten zwei und dem dritten ein Talent zur treuen Verwaltung. Bei seiner Rückkehr lobt er die ersten beiden Knechte, denn sie haben sein Vermögen vermehrt, den dritten aber, der nichts unternahm und das Talent vergrub, tadelt er und läßt ihn hinausstoßen in «die Finsternis», wo «Heulen und Zähneknirschen» sein wird. – Offenbar haben die zwei ersten Knechte richtig gehandelt und den Besitz vermehrt. Dabei ist unter Talent nicht nur materielles Gut zu verstehen, sondern eine Gabe, eine

Be-gabung. Wir sollen wuchern mit unseren Begabungen und unser Licht nicht unter den Scheffel stellen, das ist der Sinn dieses Gleichnisses. Und der dritte Knecht, der sein Talent vergrub? Sollte er etwa auch ein Teil von uns sein? Je mehr ich mich mit dem Gleichnis befaßte, desto mehr mußte ich erkennen, daß so ein Dritter auch in meiner Seele lebte. Gehört der dritte Knecht nicht zu uns allen, sind wir nicht allzu oft geneigt, unsere Gaben zu vergraben, zu verstecken und zu verleugnen? Ich denke dabei nicht einmal zuerst an offensichtliche Talente, die unsere Eltern und Lehrer an uns förderten, ich besinne mich bloß auf jene Momente, in denen wir uns ständig mit anderen und deren Möglichkeiten vergleichen. Dadurch wird das Eigene enteignet, verfremdet, und ist schließlich gar nicht einmal mehr versuchenswert. In diesen Augenblicken ist das bucklige Männlein am Werk, das uns alles vergällt. Von ihm heißt es im bekannten Lied aus «Des Knaben Wunderhorn»: «Will ich in mein Küchl gehn, will mein Süpplein kochen, steht ein bucklig Männlein da, hat mein Töpfl brochen.» In solchen Momenten stehen wir uns selber im Weg und sabotieren uns.

Im Vergraben stecken aber auch noch andere Gegenkräfte als das leidige Sich-Vergleichen. Ich denke beispielsweise an Bezugspersonen, die einen stets anders haben wollten als man wirklich war, und so an den Möglichkeiten des Kindes vorbeisahen. Von diesen Figuren entfernt man sich zunächst nur äußerlich. Im Innern wirken sie nach und fahren fort, längst ein Teil des eigenen Ichs geworden, einem zu sagen, man sollte anders sein oder – noch schlimmer – man sei nichts wert.

Weitere Gegenkräfte sind die Konventionen, die insbesondere Frauen, die ihre Talente verwirklichen wollen, plagen und am Aufbruch hindern. Gedanken wie, als Frau gehöre man doch in den Schoß der Familie, nebst vielen anderen und ähnlichen, sind wohl den meisten Leserinnen bekannt. Diese Gegenkräfte gilt es zu erkennen und bewußt zu machen. Ihnen ist ein Riegel vorzuschieben, und wir müssen begreifen lernen, daß im Grunde wir es sind, die das Talent, was immer es auch sein mag, vergraben. –

In diesem Zusammenhang denke ich an einen jüngeren Mann, der in Analyse kam, weil er es beruflich nie auf einen grünen Zweig brachte. Es zeigten sich auf seinem Lebensweg abgebrochene Studien, widrige Umstände, hindernde Krankheiten, ungünstige, der Fortbildung nicht förderliche Wohnorte und Wechsel im Sprachgebiet. Nach seinem Verständnis ließ es sich durch die genannten Umstände genügend gut erklären, warum es mit ihm nicht aufwärtsging. Doch da hatte er einen eindrücklichen Traum, der die Sache unter einem anderen Blickwinkel erscheinen ließ:

Ich stehe in einem Zimmer und schaue zum Fenster hinaus. Da sehe ich eine Frau und weiß auch, daß ich sie zum wiederholten Mal sehe: sie trägt ein Kind auf dem Arm, und dieses Kind begräbt sie Tag für Tag.

Wie es sich zeigen sollte, war eine solche Frau auch in ihm: eine Seite von ihm begrub tagtäglich Hoffnung, Elan und Unternehmungslust unter einem Berg von abortiven und pessimistischen Gedanken. Um auf unser Gleichnis zurückzukommen, war letztlich *er* der dritte Knecht, dem es nicht gelang, das Talent zinsversprechend anzulegen. In ihm lebte die tiefliegende Überzeugung, kein Anrecht auf ein eigenes Leben zu haben. Das Kind symbolisierte dieses eigene Leben, doch es durfte nicht sein und wurde immer wieder aufs Neue an seiner Entfaltung gehindert. Dieser Traum machte ihn in einer drastischen Weise darauf aufmerksam, daß die genannten äußeren Umstände nur eine Seite der Wahrheit darstellten, die andere lag in ihm und seiner Selbstsabotage. Im Laufe der Zeit war er durch sein Sich-selbst-Begraben in «Finsternis, Heulen und Zähneknirschen» geraten; anders ausgedrückt, sah er keinen Ausweg mehr und verstrickte sich immer mehr in ein Netz von negativen Gedanken, trotzigem Aufbegehren und Duckmäuserei. Es bedurfte einer langen und geduldigen therapeutisch-analytischen Arbeit, um die hindernden Kräfte und Ursachen zu erkennen, um dadurch für ein stabileres Selbstwertgefühl Raum zu schaffen. Das Kind, das im

Traum täglich begraben wurde, war sein Selbst im Sinne des eigenen Wesens. Insofern wir geneigt sind, unser Wesen und mit ihm unsere Naturanlage in einem religiösen Verständnis aufzufassen, wird, wenn wir uns so wie der dritte Knecht des Gleichnisses verhalten, immer auch unser Bezug zum Transzendenten, unsere Re-ligio (Rückverbindung), in Frage gestellt. Es geht deshalb – in Therapien und auch außerhalb derselben – darum, je und je dem Selbst gerecht zu werden und uns unserer Rückverbindung zu ihm bewußt zu sein.

Das göttliche Kind und die religiöse Dimension

Eine 50jährige Frau, ich nenne sie hier Sabine, hatte kurz hintereinander die beiden folgenden Träume:

Ich befinde mich in einem Flugzeug, das nach Süden fliegt. Es geht ans Aussteigen, und ich gehe nach hinten und will mein Gepäck holen. Dabei sehe ich zu meinem großen Erstaunen, daß ein neues Gepäckstück dazugekommen ist. Es ist ein offenes, blaues Segeltuchköfferchen, das innen mit rosa Seide ausgelegt ist. Darin liegt ein winziges Kindchen, nicht viel größer als eine Hand. Große Seligkeit überkommt mich beim Anblick des Kindes, und sorgfältig nehme ich das Köfferchen mit dem Kind auf meine Arme. Meine schweren Koffer kann ich nun allerdings nicht mehr tragen, doch meine zwei Söhne, die auch da sind, werden sich dieser Gepäckstücke annehmen. Glücklich gehe ich mit dem Kind nach vorne, es immer wieder anblickend. Gleichzeitig befällt mich die Angst, ich könnte dem Kind schaden, ihm etwas antun.

Ich bin in meinem Haus und habe eine Uhr bei mir, die ich aufhängen muß. Ich bin aber noch nicht sicher, wo sie hinkommen soll. Plötzlich habe ich noch eine zweite Uhr. Ich beschließe, die erste Uhr, eine Pendule in einem schwarzen Gehäuse, ins Wohnzimmer zu hängen. Die andere Uhr hat sich inzwischen verwandelt, sie sieht nun aus wie ein geöffnetes Fenster, an dessen Flügeln weiße Tüllvorhänge hängen. Oben ist eine Ikone angebracht, welche die Muttergottes mit dem Jesuskind darstellt. Diese Uhr hänge ich neben meinem Schreibtisch auf.

Beide Träume weisen eine Überraschung auf: im ersten Traum stößt die Träumerin unversehens auf das winzige, kleine Kind und erlebt dabei eine nie zuvor gekannte Beseligung. Der zweite Traum zeigt, daß sie plötzlich neben der altbekannten Uhr über eine zusätzliche verfügt, die außerdem noch ganz speziell ist. Auch das ist eine Überraschung, und auch da macht sie eine neue Erfahrung. Die Träume zeigen Veränderungen an, welcher Art, war indes zum Zeitpunkt der Träume noch unbekannt. Sabine war allerdings sehr berührt vom Traumgeschehen, kostete in der Erinnerung die darin aufgekommenen neuen Gefühle immer wieder aus und kreiste mit ihren Gedanken gern und oft um diese beiden Träume, die sie ganz einfach besonders und außergewöhnlich fand.

Außergewöhnlich empfand sie den starken Hinweis auf die Mutter-Kind-Beziehung. Im ersten Traum erlebt sie sich in einer nie gekannten Weise dem Kind gegenüber mütterlich, und im zweiten Traum tauchte das wunderschöne Bild von Mutter und Kind auf der Ikone auf (vgl. Tafel 4).

Die Träume konnten indes in ihrer Tiefe und Tragweite erst viel später ganz erfaßt werden. Für diese Träume traf es ganz besonders zu, daß sie die dunklen Keime der Zukunft enthielten. Es ist deshalb an dieser Stelle angezeigt, von Sabines Lebenshintergrund, ihrem Selbst- und Welterleben und von der Zeit nach den Träumen zu berichten.

Die im ersten Traum geäußerte Angst, sie könnte dem Kind etwas zuleide tun, mag uns als Ausgangspunkt dienen. Sabine hatte seinerzeit die Therapie aufgesucht, weil sie immer wieder solche und ähnliche destruktive Gedanken denken mußte. Man nennt Gedanken, die sich entgegen der bewußten Absicht einstellen, überwertige Ideen, und Zwangsgedanken, wenn sie stärker sind und sich eben zwanghaft einstellen. Sabine war entsetzt über diese Gedanken, sie demoralisierten sie völlig und ängstigten sie. Dazu kam, daß sie verständlicherweise niemandem davon erzählen wollte und es auch nicht konnte. Das führte zu starken Isolationsgefühlen, wodurch die Gedanken letztlich zu einem krankmachenden Geheimnis wurden, an dem sie schwer zu tragen hatte.

Sabine hatte vorgängig der Therapie bei mir einige Therapieanläufe von kurzer Dauer unternommen und war auch vorübergehend in psychiatrischer Behandlung gestanden. Die Diagnosen lauteten auf Zwangsneurose oder Angstneurose mit zwanghaftem Einschlag. Neben der Gesprächstherapie wurde sie mit Tranquilizern behandelt, was ihr vorübergehend Erleichterung brachte. Da Sabine nur jeweils für kurze Zeit bei den verschiedenen Therapeuten in Behandlung war, vermute ich, daß die mit dem Symptom der zwanghaften Gedanken verbundene Depression nicht gesehen wurde und – das halte ich für wahrscheinlich –, Sabine selber die Depression nicht zulassen konnte. Auf diese Weise stand für lange Zeit lediglich dieses unerklärliche, lähmende Symptom im Vordergrund und verdeckte den Blick auf das ganze Bild. – Es sei an dieser Stelle vermerkt, daß es leider in der Praxis häufig vorkommt, daß das depressive Syndrom vernachlässigt wird und aufgrund der im Vordergrund stehenden Symptome wie Angst und überwertigen Ideen von Angstneurose oder Zwangsneurose gesprochen wird. In Tat und Wahrheit handelte es sich bei Sabine um überwertige Versündigungsideen oder Schädigungsgedanken, die im Zusammenhang mit Depression recht häufig vorkommen. Sabines Zustände ließen sich lebensgeschichtlich gute zwanzig Jahre zurückverfolgen, in denen sie in größeren und kleineren Abständen auftauchten.

Die Angst im ersten Traum hatte also durchaus Bezug zur Wirklichkeit der Träumerin und wies auf das ihr bekannte Leiden hin. Nun zeigte der Traum aber auch ihr tief beseligendes Gefühl für das Kind auf. Sie, die sich wegen ihrer Schädigungsideen begreiflicherweise vor Kindern fürchtete und diese mied, wo immer es ging, erlebte sich im Traum zum erstenmal mütterlich einem Kinde zugewandt. – Das schwere innere Erleben Sabines trat nach außen hin kaum in Erscheinung; sie war stets in der Lage gewesen, diese Last zu tragen und die ihr auferlegten Aufgaben zu erfüllen.

Die Erforschung von Sabines Kindheit ergab, daß sie ihr Leben unter schwierigen Umständen beginnen mußte. Ihre Mutter litt an Tuberkulose und war oft infolge von Kuraufenthalten monatelang abwesend. In diesen Zeiten war Sabine in wechselnder Folge Kindermädchen überlassen. Die Mutter durfte ihr Kind wegen Ansteckungsgefahr auch nie in die Arme nehmen. Ihr Vater, ein äußerst aktiver und vielbeschäftiger Mann, liebte zwar seine Tochter, konnte jedoch nicht viel Zeit für sie aufbringen. Aufgrund dieser kurz skizzierten Kindheitsgeschichte war es einfühlbar, daß Sabine wenig Vertrauen in sich und die Welt entwickeln konnte und so einer sicheren inneren Basis entbehrte. Ein negativer Mutterkomplex war konstelliert; er brachte es mit sich, daß sich Sabine vornehmlich nur negativ sehen konnte und die mit ihr in Beziehung stehenden Personen erlebte, als würden diese sie auch nur als schlecht und minderwertig einstufen.

In einer langen Psychotherapie lernte Sabine, sich von der negativen Sicht auf sich selber zu unterscheiden. Sie begann die Geschichte ihrer Kindheit zu begreifen, und schließlich hatte sie die Auseinandersetzung mit ihren Träumen befähigt, auf ihr Unbewußtes zu achten, um aus ihm manchen positiven Impuls zu ziehen.

Die kritischen Zeiten, in denen die zwanghaften Gedanken wieder auftauchten, blieben, wenn auch in schwächerem Maße, bestehen. Sabine konnte indes die damit verbundenen Depressionen auch wirklich als solche erkennen, und es wurde ihr möglich, das dunkle Geschehen als tatsächliche Krankheit einzustufen und – wenn nötig – auch medikamentöse Hilfe in Anspruch zu nehmen.

(Eine couragierte Frau, die in München lebende Ursula Goldmann-Posch, hat die Geschichte ihrer Depression, in der ebenfalls Versündigungsideen gleichen Inhalts wie bei Sabine auftauchten, in einem freimütigen Bericht publiziert, und dabei in echter Weise das innere Erleben und die äußeren Schwierigkeiten in dieser Erkrankung offengelegt, vgl. Goldmann.)

Zwischen den depressiven Verdüsterungen gab es hingegen auch immer wieder gute Zeiten, in denen Sabine des Lebens froher war und Heiterkeit ausstrahlte. Auch zur Zeit der oben genannten Träume befand sie sich in einer guten Phase, im Vollbesitz ihrer Kräfte, und allein schon den Gedanken an die Wiederholung einer dunklen Phase wies sie weit von sich. Die Träume hatten sie beglückt und machten sie auch offen, Neues angehen zu wollen. Sie steckte voller Pläne und Arbeitslust. Von Beruf Wissenschaftsjournalistin, hatte sie ihr Schreibtalent über die Jahre hie und da auch dafür benutzt, eigene Gedanken in Gedicht- und Prosaform niederzuschreiben. Doch diese Begabung kam nie so recht zum Tragen, weil Sabine angesichts ihres Vertrauensmangels nicht genügend an sich selber glauben konnte. So legte sie die Texte jeweils wieder in die Schublade und vergaß sie. Es fiel ihr leichter, sich in vorgegebene Arbeiten für die Zeitung zu investieren, als selber etwas zu kreieren. Es war indes nicht ganz auszuschließen, daß die Depressionen eventuell auch mit dem zu wenig gepflegten Talent in Zusammenhang standen.

Kurze Zeit nach den Träumen befielen Sabine die bekannten depressiven seelischen Lähmungen, und es sollte nicht lange dauern, bis sich auch die Grübelsucht und die genannten Versündigungsideen einstellten. Im Laufe dieser monatelang andauernden Belastung gab es Momente, in denen sie all ihre erprobten Hilfen aufgeben mußte. Zur Dunkelheit traten Angstanfälle massiver Art hinzu, und sie mußte sich dem Geschehen überlassen und ausliefern. Da geschah es eines Tages, daß ihr die alte Familienbibel in die Hände fiel, die nach dem Tode ihrer Mutter jahrelang vergessen in einer Kommode gelegen hatte. Bei der Lektüre entdeckte sie die vielen Textunterstreichungen, die einst ihre Großmutter, die sie sehr liebte, vorgenommen hatte. Ein unsichtbares Band zu einer guten, tragenden mütterlichen Figur knüpfte sich und bewirkte auch eine Stärkung der Mutter-Möglichkeiten in ihr. Das Erleben im Traum, in dem sie sich als Mutter dem kleinen Kind gegenüber erfuhr, schien Wirklichkeit zu werden. – Sie, die nirgends mehr Hilfe gefunden hatte, fand nun wie durch ein Wunder Trost bei diesen alten Texten, stieß auf Stellen, die sie aufrichten konnten und ihr halfen, die Dunkelheit zu ertragen. Allem voran war sie von den Psalmen angetan, fand sie doch in ihnen endlich Ausdruck für die Klage des Menschen und traf sie in ihnen auf Verse, die auch ihr Leid gültig formulierten. Sie schätzte vor allem zwei Stellen sehr. Die eine sprach von der Finsternis in ihrem vollen Ausmaß und ihrer existentiellen Tatsächlichkeit:

«Die Stricke des Todes hatten mich umfangen,
die Ängste der Unterwelt mich befallen,
ich kam in Not und Kummer; (...)» (Ps. 116,3)

Sie entnahm diesen Zeilen nicht allein die Formulierung der Klage, sondern auch die Erkenntnis, daß es Zeiten der Düsternis gibt und auch diese – nicht nur die guten, frohen – von Gott gesandt sind. Sie machte die Erfahrung, daß die tiefe Betrübnis mit dem verborgenen Gott zusammenhing und eine Zeit meinte, in der sie Gott als abwesend erfuhr und sich selber ohne Lebensimpuls und bar jedes sicheren Grundes. Sie, die in der Kirche immer nur vom strahlenden, guten Gott gehört hatte, nahm es mit Erleichterung auf, daß solche düsteren Zeitspannen auch in Gottes Ratschluß stehen.
Die andere, sie beeindruckende Stelle war indes trostreicher und lautete:

«Du brauchst dich nicht zu fürchten vor dem Schrecken der Nacht,
noch vor dem Pfeil, der am Tage fliegt,
nicht vor der Pest, die im Finstern einhergeht, (...)» (Ps. 91,5/6)

Sabine hatte nie eine eigentliche religiöse Erziehung genossen, doch in dieser Zeit wurde sie sich des Glaubensmomentes inne, wurde sie sich bewußt, was Glaube ist. Nämlich: Glaube ist vor allem ein solcher, wenn er aus der Dunkelheit kommt; da erst wird es offenbar, warum Glaube erlösend sein kann. Dazu schrieb sie die folgenden Zeilen nieder: «In dieser Dunkelheit, dieser Angst und dieser absoluten Verzweiflung kann ich nicht anders, als am Wissen festhalten, daß Gott mich liebt, trotz allem. Täte ich dies nicht, würde ich Versuchungen erliegen. Ich beginne zu begreifen, was Glaube ist, nämlich Glaube aus Angst und Nicht-Sein heraus.»

Sie fühlte sich bisweilen getragen von einem neu entdeckten Glauben, wenn er auch noch schwach war. Sie konnte nicht umhin, im winzigen kleinen Kind, das sie im erstgenannten Traum auf den Arm nahm, den Keim des Glaubens zu sehen. Als es ihr besser zu gehen begann, machte sie die Beobachtung, daß das Schreiben – auch wenn es noch mühsam ging – ihr überleben half und sie beruhigte. Sie machte es sich nach und nach zur Aufgabe, täglich daranzubleiben aus dem Gefühl heraus, es einem inneren Impuls schuldig zu sein, und aus der neugewonnenen Überzeugung heraus, daß Gott nicht ihre Zerstörung wolle. Für diese Überzeugung war ihr die Verszeile aus Psalm 31 wegweisend geworden, in der es heißt: «Laß mich nimmermehr zu Schanden werden.»

Die beiden Träume erwiesen sich auch im Nachhinein und aus der Warte des Rückblicks als wesentlich und bedeutsam. Das, was sie am Ende des ersten Traumes gefürchtet hatte, nämlich dem Kind schaden zu können, erwies sich in den langen Monaten der Verdunkelung als sinnvoll. In ihnen war das Kind bedroht, waren, um es anders zu sagen, ihr Vertrauen und ihr Glaube in Gefahr, verschluckt zu werden, war auch das Kind als Lebensimpuls schlechthin gefährdet. Je und je mußte sie Kraft schöpfen und sich auf eine Quelle außerhalb ihrer selbst beziehen, um dem kleinen Kind, Symbol keimender religiöser Ausrichtung, zugewandt bleiben zu können.

In dieser Zeit war Sabine auch eine neue Dimension des Daseins aufgegangen, ein Thema, das bereits im zweitgenannten Uhrentraum angedeutet worden war. Die schwarze Uhr, ein Symbol für die chronologische Zeit, hing sie im Wohnzimmer auf. Damit stand das tägliche Funktionieren in der «schwarzen» Phase in

Zusammenhang. Die andere Uhr, die im Traum als offenes Fenster erschien und von einer Ikone gekrönt war, symbolisierte eine andere Zeitausrichtung, versinnbildlichte ein Fenster zur Ewigkeit. Diese Uhr hing sie neben ihrem Schreibtisch auf. Die Ikone mit dem Mutter-Kind-Bildnis spiegelte die tiefe Erfahrung, daß in der seelischen Ausrichtung auf die darin gezeigten Qualitäten der Mütterlichkeit Zerrissenheit überlebt werden kann. Dieses religiöse Vorbild rief sie auf, den guten Gedanken und hilfreichen Möglichkeiten in ihrem Inneren Lebensraum zu geben. Eine andere Zeit war ihr aufgegangen, eine, die in Gottes Händen steht. Sich nun in dieser einzurichten, war notwendig und gefordert.

Es war für Sabine sinnvoll, daß der Traum eine Ikone wählte, denn die Ikonen sind Ausdruck des in der Ostkirche (mehr als in unserem Christentum) tief verwurzelten Gedankens der Ebenbildlichkeit des Menschen mit Gott. Die Betrachtung der Ikonen hat den Zweck, den Menschen auf das Göttliche einzustimmen und eine Verbindung zu ihm zu schaffen. Sie sind recht eigentlich «Fenster» zum Ewigen hin und haben als Bilder Aufforderungscharakter, den Eros auf Gott auszurichten. In der dunklen Zeit war Sabine auch der spirituelle Charakter der Krankheit Depression aufgegangen. Es war ihr ein seelisches «Organ» gegeben worden, das die Möglichkeit einer Verbindung zum Göttlichen bewirken kann. Eine solche Verbindung wird häufig durch das göttliche Kind symbolisiert; besonders schön kommt dieses innere Kind auf der Ikone der sogenannten «Muttergottes des Zeichens» zum Ausdruck (Tafel 4).

Beim Versuch, die Erschließung der religiösen Dimension bei Sabine nachzuzeichnen und diese in den Mittelpunkt der Betrachtung zu stellen, sind einige Aspekte zu kurz gekommen. Auf diese sei nun noch besonders eingegangen.

Es war für Sabine außerordentlich wichtig, ihre seelischen Verdüsterungen zunächst als Depression, das heißt als psychische Erkrankung wahrnehmen zu können. Dies war – und ist es auch für viele von Depression betroffene Menschen – vor allem deshalb wichtig, um nicht dem leidigen und quälenden Grübelzwang vollständig zu verfallen, wonach Depression ein eigenes Verschulden darstellt. Über diese Anerkennung als Krankheit dürfen jedoch die psychodynamischen Aspekte nicht vergessen werden.

In der Depression ist, vom Gesichtspunkt der Analytischen Psychologie her gesehen, der Archetyp der Großen Mutter in ihrem negativen und verschlingenden Aspekt konstelliert. Bei Sabine war dieser in einem solchen Maße wirksam, daß nicht allein jeder Lebensimpuls in sich zusammenfiel, sondern sich die bedrohliche Nähe zur archetypischen Ebene auch in den Versündigungsideen zeigte. Der Gedanke, ein Kind schädigen zu können, steht in direkter Verbindung zur negativen Großen Mutter in ihrem lebensverneinenden und tötenden Aspekt. Die Versündigungsideen waren demzufolge mehr als bloße Schattenaspekte der Persönlichkeit, waren nicht einfach Ausdruck der häufig zu beobachtenden Aggressionsphantasien Kindern gegenüber. Mütter haben zuzeiten solche Phantasien, und es ist sehr wesentlich, diese bewußt zu machen, bilden sie doch einen Teil des Schattens, der als Tiefendimension einer Persönlichkeit all jene Anteile vereinigt, die verdrängt sind, weil sie dunkel, böse, peinlich oder unterentwickelt sind (vgl. Asper, 1986; Jacobi J., S. 168 ff.). Sabines Schädigungsideen hingegen waren Ausdruck der Nähe zum Schatten in seiner archetypischen Dimension, zum Dunklen an und für sich. – Menschen, die wie Sabine in diese bedrohliche Nachbarschaft zur Destruktion geführt werden, gehen durch die erschütternde Erfahrung der Bedrohung durch das absolut Böse.

Auf dem Weg, der sie daraus herausführte, ließen sich aus dem Rückblick einige wesentliche Stationen ausmachen. Es war allem voran vordringlich, bei Sabine die positiv-mütterlichen Kräfte fördern zu helfen. Erst vom Moment an, wo diese in ihrer Seele wirksam wurden und sich in ihr auch das Wirken einer guten, inneren Figur abzuzeichnen begann, erlangte sie die Fähigkeit, sich gegen das Dunkle zu wehren. In der Herausbildung dieser Fähigkeit lag auch beschlossen, daß sie sich aus der Beschattung durch die archetypische Große Mutter herauslösen konnte. Als weiteres, stärkendes Moment kam die oben beschriebene religiöse Dimension hinzu, in der sie sich auf das Göttliche als Maria und Gott als Gott-Vater beziehen konnte. – Erst nach diesen Schritten, die sich übrigens über Jahre hinzogen, wurde es Sabine möglich, sich ihrer persönlichen Schattenanteile anzunehmen und sich mit ihnen auseinanderzusetzen. Vor diesem Zeitpunkt hatte stets, wenn die Rede auf den Schatten kam, die Gefahr gedroht, sie wieder in die zerstörerische Nähe mit dem archetypischen Schatten zu führen.

Wer vom archetypischen Dunkel bedroht ist, muß zuerst und vor allem aus diesem Bannkreis heraustreten können, um der Begegnung mit dem persönlichen Schatten, der all unsere Ungereimtheiten umfaßt, gewachsen zu sein. – Das Defizit an positiven Muttermöglichkeiten ruft in solchen Fällen nach Ausgleich. Beginnt dann in der Folge das Manko sich auszugleichen, erwächst dem Betroffenen eine Zunahme an Ich-Stärke, die dringend benötigt wird, um mit sich selber bekannt zu werden und dem eigenen Schatten gewachsen zu sein.

Am Beispiel von Sabine und ihrer Geschichte wird das Rätsel, das sehr häufig in Depressionen steckt, deutlich offenbar. Depression ist zum einen immer eine seelische Krankheit, die zunächst danach ruft, vom Therapeuten, aber auch vom Betroffenen selber als solche anerkannt zu werden. – Auf der anderen Seite erweist es sich aber häufig, daß Depressionen neben den klinischen Aspekten bisweilen auch spirituelle Seiten in sich einschließen. Ich meine deshalb, die Aussage Romano Guardinis sei ernstzunehmen, wenn er sagt: «Die Schwermut ist etwas zu Schmerzliches, und sie reicht zu tief in die Wurzel unseres menschlichen Daseins hinab, als daß wir sie (nur, Anm. d. Verf.) den Psychiatern überlassen dürften.» (Guardini, S. 7)

Gedanken zur Ebenbildlichkeit

Daß der Mensch auf Gott angelegt ist, kommt in der uralten Idee der Imago Dei (Gottebenbildlichkeit des Menschen) zum Ausdruck, die nicht selten durch das Symbol des Kindes dargestellt wird. Dieses Kind verweist auf grundsätzlich Neues und stellt ein Mit-sich-eins-Werden der Seele in größter Not und herben Konflikten dar. Im christlichen Bereich geht der Gedanke, daß Gott der Seele ebenbildlich innewohnt, auf Moses 1,27 zurück:

«Und Gott schuf den Menschen nach seinem Bilde, nach dem Bilde Gottes schuf er ihn; als Mann und Frau schuf er sie.»

Die Möglichkeit, den Anschluß an Gott zu finden, nannte C. G. Jung das Selbst. Dieses Selbst ist letztlich, neben anderen Bedeutungsfacetten, Bild Gottes in der Seele des Menschen, vielleicht noch genauer: eine Spiegelung Gottes in der menschlichen Seele. Das Selbst taucht in Träumen und bildnerischen Gestalten aus dem Unbewußten in vielerlei Gestalt auf, eine davon ist das göttliche Kind. Jung schreibt darüber: «Als ein Spezialfall des Motivs der ‹schwer erreichbaren Kostbarkeit› ist das Kindmotiv äußerst wandelbar und nimmt alle möglichen Formen an, wie die des Edelsteins, der Perle, der Blume, des Gefäßes, des goldenen Eies, der Quaternität (Vierheit, Anm. d. V.), der Goldkugel usw. Es erweist sich als beinahe unbegrenzt auswechselbar mit solchen und ähnlichen Bildern.» (Jung, S. 173/4) – Wenn es auf der einen Seite wahr ist, daß das Kind-Symbol mit anderen Selbstsymbolen auswechselbar ist, so scheint es mir auf der anderen Seite wesentlich zu sein, auch den Unterschied zu ihnen festzuhalten. Dieser Unterschied kann am besten gefaßt werden, wenn wir zum Vergleich das Symbol des Edelsteins heranziehen. Dieser ist im Gegensatz zum Kind nicht lebendig und wandelt sich nicht mehr; er kann lediglich das Empfinden des Betrachters verändern, indem dieser immer wieder neue Facetten und Qualitäten an ihm wahrnimmt. Einen

Edelstein kann man auch in eine Schmuckschachtel legen, ohne daß er Schaden davontrüge. Das Kind duldet keine solche Behandlung, es ist lebendig und fordert von uns ein waches Mitgehen mit seinen noch so kleinen Wandlungs- und Entwicklungsschritten. Dies gilt nicht nur für das konkrete, leibliche Kind, sondern auch für den meist nur zu erahnenden Inhalt des Kind-Symbols. Wenn mich meine Analysanden angesichts eines Kind-Symbols in Träumen jeweils nach seiner Bedeutung fragen, so kann gerade diese nicht akurat gesagt werden, denn wie bei einem realen Kind, wissen wir nicht, wohin und zu was sich der damit verbundene seelische Inhalt entwickeln wird. Das symbolische Kind verweist uns aber ganz entschieden auf eine ihm angemessene Einstellung oder Begleitung. Wir müssen seinem noch unbestimmten Gehalt stete Beachtung, Pflege, Hingabe und bedingungslose Liebe entgegenbringen. Und gerade, weil wir nicht genau wissen, worum es sich handelt, sind Beachtung und Offenheit erforderlich. Das meine ich, sei der nicht zu vergessende Unterschied zu anderen, unwandelbaren und festen Selbstsymbolen, wie beispielsweise zum Edelstein. Das Kind, lebendig wie es ist, fordert uns in unserem Lebendig-Sein heraus, benötigt eine Zukunftsausgerichtetheit und ein liebevolles Mitgehen mit all jenen Regungen, Gedanken, Gefühlen, Handlungen und Situationen, von denen wir glauben, daß sie mit dem geträumten Kind-Symbol zu tun haben. In diesem Sinne ist das Kind der vornehmste Träger des Selbst.

Es ist an dieser Stelle wichtig festzuhalten, daß in den Träumen sehr oft von vernachlässigten Kindern die Rede ist: sie werden verlassen, begraben (s. Bpl. S. 109), eingesperrt, in Schachteln gepackt. Gerade bei solchen Träumen ist es wesentlich, sich bei der Auslegung nicht allein auf das Kind als einen Inhalt fixieren zu wollen, sondern auch und vor allem die Notwendigkeit zu angemessener Pflege des Kindes zur Kenntnis zu nehmen. Das Kind als ein Selbstsymbol im Traum bedeutet einen schwer zu fassenden Inhalt, einen Inhalt, der mehr, als dies bei anderen Symbolen der Fall ist, eine mitgehend-liebevolle Einstellung fordert. Bei den beiden referierten Träumen von Sabine, in denen das göttliche Kind als Selbstsymbol vorkam (S. 110), konnte beim Erscheinen der Träume nicht gesagt werden, was dieses Kind denn bedeutete. Wohl verwies es auf etwas Neues und, im zweiten Traum, auf etwas Religiöses. Was es wirklich war, konnte erst viel später gesehen werden. Entscheidend jedoch war, daß Sabine die im ersten Traum gezeigte und gefühlte neue mütterliche Einstellung auch auf ihr Tagesleben zu übertragen suchte und bemüht war, zu jenen Gedanken und Gefühlen hin offen zu sein, von denen sie dachte, sie würden mit dem Kind-Symbol in einem Zusammenhang stehen.

Das Selbst, taucht es in Kind-Gestalt auf, ist oft das, was wir gering achten. Vernetzt in vielerlei Weltbezüge, geködert von Macht und Prestige, tun wir oft das eine nicht, nämlich uns unsrem inneren Kind zuzuwenden, obwohl wir im Innersten wissen, daß uns dies not täte. In diesem Zusammenhang scheint es mir wesentlich zu sein, auf die sogenannte Kinder-Perikope hinzuweisen, da sie oft mißverstanden wird:

«In jener Stunde traten die Jünger zu Jesus und sagten: Wer ist wohl der Größte im Reich der Himmel? Und er rief ein Kind herbei, stellte es mitten unter sie und sprach: Wahrlich, ich sage euch: Wenn ihr nicht umkehrt und werdet wie die Kinder, so werdet ihr nicht ins Reich der Himmel kommen. Wer nun sich selbst erniedrigt wie dieses Kind, der ist der Größte im Reich der Himmel. Und wer ein solches Kind um meines Namens willen aufnimmt, der nimmt mich auf» (Mt. 18,1–5).

Kinder waren zur Zeit Jesu Inbegriff des Niedrigen und Unzulänglichen und waren nicht, wie später und heute, mit Attributen wie Unschuld, Wahrheit, Glaube, Hoffnung, Friede, Liebe und Freude besetzt. Die Aufforderung nun, sich dem Kind zuzuwenden und es in Jesu Namen aufzunehmen, heißt oft, dem in uns niedrigst Geachteten Aufmerksamkeit und Fürsorge zu schenken.

Die Idee der Gottebenbildlichkeit wird besonders deutlich und greifbar, wenn man sich den Schöpfungsmythen anderer Kulturen und Religionen zuwendet. Weit verbreitet ist der Gedanke, daß die Gottheit den Menschen aus Ton formt, so beispielsweise der ägyptische Schöpfergott Chnum. Auf der Töpferscheibe «stellt der Gott das Ei her, das Gefäß oder embryonale Kind, und durchknetet es mit Lebenskeimen» (Eliade, S. 61); er legt also etwas von seiner Substanz in das menschliche Wesen hinein.

Im babylonischen Schöpfungslied heißt es: «Mit seinem Fleisch und seinem Blut vermische Nin-Hursag den Ton. Gott und Mensch werden so... *vereinigt* sein im Ton» (ebd. S. 132). Ein anderer Schöpfergott, Marduk, aus dem gleichen Kulturkreis, schuf die Menschheit, «um die Götter in einer Wohnung, die ihr Herz erfreute, wohnen zu lassen» (ebd. S. 147). Zwischen Mensch und Gott besteht also eine Verbindung, was besonders schön in der letztgenannten Stelle aus dem Mythus zum Ausdruck kommt. Gott, die Götter brauchen eine Wohnung im Menschen, benötigen es, dem Menschen innezuwohnen. – Diese Vorstellung gibt dem menschlichen Leben Sinn und setzt den einzelnen in eine verantwortungsvolle Vollmacht ein. Der Gedanke nämlich, daß Gott den Menschen braucht, gibt dem Daseinsvollzug Gewicht und mißt ihm weitreichende Bedeutung zu. In diesem Sinn ist Schöpfung nicht ein für allemal vollzogen, sondern kann täglich in der noch so einfachsten Situation geschehen. «Mein» Bewußtsein, «mein» Bemühen um das Richtige, Sinnvolle erfordert deshalb eine situative – eine der Situation angepaßte – ethische Ausrichtung. Die situative Ethik verlangt vom einzelnen ein ständig neues Bewußtsein, eine stetige Anstrengung und fordert ihn schließlich mehr heraus als generelle ethische Gesetzesnormen und allgemeine Maßstäbe. Das situative ethische Verhalten hat seine tiefste Begründung im Gedanken der Ebenbildlichkeit des Menschen mit Gott.

Die eben genannten Anschauungen, daß das Göttliche eine

Wohnung im Menschen benötige, scheint mir ein schönes Bild dafür zu sein. Diese Wohnung gepflegt und bereit zu halten, ist wohl letzthinnige Aufgabe des Menschen. Was darin Wohnsitz nehmen kann, ist, unter anderem, das heilige, göttliche Kind.

Das göttliche Kind in anderen Kulturkreisen

Göttliche Kinder tauchen auch außerhalb des Christentums auf und sind weltweit und über die Zeitläufe hinweg verbreitete Motive. Da sich die Träume oft der Symbolik auch nichtchristlicher göttlicher Kinder bedienen, scheint es mir angezeigt zu sein, in einem kleinen Exkurs einen Einblick in diesen Themenkreis zu geben (vgl. Kerényi).

Beliebt ist die Entstehung des Gottes aus einer Lotosblüte, der Seerose. So geht beispielsweise der ägyptische Sonnengott Re in Kindgestalt aus dem Urkelch hervor:

«Dies ist die Lotosblüte, die am Anfang entstand, der Strauß ist aus Grün, aus dem du hervorgingst in Gestalt eines Kindes . . . der große Lotos, der im Anfang entstand, im Schoß seiner Blütenblätter wurdest du zur Welt gebracht» (Eliade, S.76).

An anderer Stelle heißt es von diesem Sonnenkind:

«Ihr seht sein Licht, ihr atmet seinen Duft, eure Nasen sind voll davon. Es ist euer Sohn, der sich hervorbringt als ein Kind, der das Land mit seinen beiden Augen erleuchtet . . . Ich bringe euch den Lotos, der aus dem Sumpf gekommen ist, das Auge des Re selbst in seinem Sumpf, ihn, der (in sich) die Summe der Göttervorfahren ist; der die Göttervorfahren erschuf und alles machte, was in diesem Land besteht . . . Wenn er die beiden Augen öffnet, erleuchtet er die beiden Länder, er trennt die Nacht vom Tage. Die Götter sind aus seinem Munde, die Menschen aus seinen Augen

hervorgegangen, denn alles ist durch ihn geworden, das Kind, das im Lotos erstrahlt und dessen Strahlen allen Wesen Leben geben» (ebd. S. 79/80).

Im babylonischen Mythus wird der Schöpfergott ebenfalls als ein Kind geboren, auch dieses Kind hat wie Re alle Macht bereits von Anfang an:

«Prächtig war seine Gestalt und der Blick seiner Augen. Erwachsen bei seiner Geburt, besaß er von Anbeginn all seine Macht» (ebd. S. 137).

Von Buddha weiß der Mythus zu berichten, daß er zwar aus dem Mutterleib hervorging, doch war diese Geburt eine wunderbare. Auch ihn zeichnet eine Fülle von göttlichen Qualitäten aus:

«Ruhig aufgerichtet
Und nicht kopfüberfallend, glorreich scheinend,
Herrlich geschmückt, lichtstrahlend, so verließ er
Den Mutterleib, wie wenn die Sonne aufgeht.
Dies Übermaß des Glanzes schauten alle
Anwesenden, doch ohne Schaden für ihr
Gesicht. Den Anblick ihnen gönnend, mäßigt'
Sein Licht er bis zum sanften Schein des Mondes;
Doch strahlt' er überall aus seinem Leibe
Hervor, und wie das Licht der Sonne auslöscht
Der Lampe Schein, so zeigt sich Bodhisattvas
Goldgleiche Schönheit aller Orten sichtbar»
(Schwarzenau, S. 47/8).

Die griechische Mythologie ist voll von göttlichen Kindern, die alle schon in Kindgestalt die ganze Fülle ihres erwachsenen Gottseins aufzeigen. Hinweisen möchte ich vor allem auf den listenreichen Götterboten Hermes, den Sohn der Nymphe Maia und des Göttervaters Zeus. Kaum geboren, springt er seiner

Mutter von den Knien und ist zu allen Taten bereit. So verfertigt er als erstes eine Leier aus einem Schildkrötenpanzer und stiehlt dem Gott Apollo die Rinderherde. Als überaus lebendig wird er in der homerischen Hymne geschildert:

«Da gebar sie ein wendiges, kluges, gewinnendes Knäblein,
Jenen Räuber und Rinderdieb, den Führer im Traumland,
Jenen nächtlichen Späher und Torwart. Es war zu vermuten,
Dieses Morgenkind werde bald den unsterblichen Göttern
Ruhmvolle Taten zeigen: Am Mittag spielt' es die Leier,
Abends dann stahl es die Rinder Apollons, des Schützen
*   ins Weite.*
Maia gebar ihn am vierten Tag zu Anfang des Monats.
Da er der Mutter von ihren unsterblichen Knien herabsprang,
Blieb nicht lange er liegen in seiner göttlichen Schwinge,
Nein! – er machte sich auf und suchte die Rinder Apollons»
(Weiher, S. 63).

Das sind nur einige wenige Beispiele aus der Fülle des mythologischen Reichtums an Gottesgestalten in Kindform. Sie wären leicht zu einer Vielzahl zu ergänzen.
Solche Kinder aus dem außerchristlichen Bereich tauchen auch in Träumen moderner Menschen auf. Ihre Symbolik ist zwar abgewandelt, doch weist sie in den Grundzügen oft eine erstaunliche Verbindung zu diesen mythologischen Kindern auf. Zwei Beispiele mögen diese Aussage illustrieren. Ein Mann träumte einst:

Ich finde eine wunderschöne Blume, ein betörender Duft geht von ihr aus.
Wie ich näher blicke und in ihren Kelch hinabsehe, bemerke ich ein kleines,
winziges Kind, das umgeben ist von den tiefroten Blütenblättern der Blume.
Ich weiß plötzlich, daß es ein besonderes Kind ist und ich die Blume nicht
pflücken darf.

Dieses Blütenkind verstand der Träumer als einen Hinweis auf seine Gefühlsseite, die ihm nunmehr näherkommen sollte. Von

Gefühlen hatte er nie viel gehalten. Bereits verpönt in seiner Herkunftsfamilie, blieben sie auch weiterhin aus seinem Leben ausgespart. In der Mitte des Lebens, ausgelöst durch eine Krise, wurden ihm die Gefühle mehr und mehr wichtig, und er begann, sich auch an ihnen zu orientieren. – Er darf die Blume im Traum nicht pflücken, das bedeutete für ihn, daß er die Lebendigkeit der Gefühle nicht wie bisher unterdrücken, sondern vielmehr achten sollte. Das Kind im Kelch, ein besonderes, wie es im Traum hieß, hatte bereits in Träumen die Lebenswende angezeigt. Es deutete auf die neuen Aspekte hin, die der Träumer fortan in sein Leben integrieren wollte.

Eine junge Frau träumte von einem Haus, in dem sie ein Kind entdeckte:

Ich befinde mich in dem Haus, in welchem ich mit meiner Familie früher wohnte. Das Haus hat nun noch einen Anbau bekommen. Er kommt mir etwas eigenartig, ja gespenstig vor. Ich bitte meinen Mann, mit mir in den Anbau zu kommen. Da treffe ich auf eine fröhliche, selbstsichere Bekannte, die eben ein Kind geboren hat. Das Kind ist noch klein, kaum ein paar Tage alt, doch zu meinem großen Erstaunen kann es schon sprechen, sich aufrichten und herumgehen.

Das besondere Merkmal dieses Kindes ist sein frühreifes Wesen. Spätere Entwicklungsschritte sind ihm gleich nach der Geburt vertraut. Das Kind erinnert an jene Gottheiten, die von Anbeginn alle Macht besitzen, an Marduk und Hermes beispielsweise. – Das Kind gehörte im Traum der fröhlichen, selbstsicheren Frau. Diese stellte eine Seite der Träumerin dar, die ihr nur ungenügend zur Verfügung stand. Eher ängstlich und scheu geartet, ließ sie sich nur ungern auf Neues ein. Im Geheimen allerdings hegte sie den Wunsch, eine Zweitausbildung zu machen, um sich wieder ins Berufsleben integrieren zu können. Das Kind, welches sie an Hermes erinnerte, wies, gemäß den Gaben und Fertigkeiten dieses Gottes, auf den Plan geistiger Weiterentwicklung hin. Später hat sie dann die ins Auge gefaßte Ausbildung gemacht und so den im Traum gezeigten Anbau des

Hauses ins Leben umgesetzt, wodurch ihr Lebenshaus, das Haus ihrer Persönlichkeit, erweitert wurde (vgl. Ammann).

Menschliches Maß und göttliches Kind

Auf das Kind projizieren wir manches: so Unschuld, Spontaneität, Natürlichkeit, Wahrheit, Entfaltung und Harmonie. Auf die Kindheit als solche legen wir Paradiesesphantasien und meinen damit Sorglosigkeit, Freiheit, Geborgenheit, inniges Hineinpassen in die Umgebung und stets angemessenes Echo auf das Kind seitens seiner Bezugspersonen. Das sind indes Ideale, und diese wiederum basieren auf Archetypen, auf den urmenschlichen Intentionen unseres Seins und Handelns. Ideale sind Wegweiser; aufsteigend aus der Tiefe des Seins, können sie uns bewußt oder unbewußt führen und unsere Absichten bestimmend beeinflussen. Die idealen Qualitäten, mit denen wir das Kind und die Kindheit ausstatten, sind aber Qualitäten, die letztlich dem göttlichen Kind angehören. Das göttliche Kind kann jedoch niemals integriert werden, es kann sich lediglich in uns spiegeln.

Ideale können uns gefährlich werden, dann nämlich, wenn wir von ihnen besessen und unbewußt auf sie fixiert sind. Wir werden dann fanatisch und intolerant und meinen, nur unsere Meinungen und Haltungen würden zählen. Wer sich solcherart von einem Ideal erfüllt fühlt, ist auch inflativ. Damit ist eine Aufgeblasenheit (lat. inflare = aufblasen) gemeint, die dem einzelnen das unselige Gefühl gibt, mehr als eben nur Mensch in all seiner Beschränkung zu sein. Inflationen beruhen immer darauf, daß man unbewußt mit einer archetypischen, man kann auch sagen göttlichen Qualität identifiziert ist. Die unbewußte Identifikation mit dem göttlichen Kind bedeutet nun, daß die Realität verkannt wird und ständig Qualitäten gesucht werden, die es im Leben nicht oder nur punktuell geben kann. Wer unbewußt dem göttlichen Kind nachstrebt, meint bisweilen auch, sich naiv, spontan und total natürlich geben zu müssen, und merkt nicht, wie lächerlich er oft unter der Forciertheit dieser Ideale erscheint. Gerade die heutige Vorliebe für Psychologie verleitet manch einen Menschen, lauthals nach Offenheit und Natürlichkeit zu schreien und dem Ausleben aller Impulse das Wort zu reden. – Ich halte es für außerordentlich wichtig, das menschliche Element vom göttlichen zu unterscheiden, sich bewußt zu sein, daß das göttliche Kind menschliches Maß und irdische Möglichkeiten überschreitet.

Die Identifikation mit dem göttlichen Kind drückt sich auch im sogenannten infantilen Schatten aus. Sind wir nämlich unbewußt mit dem göttlichen Kind identisch, sind wir auch ein Stück weit infantil. Wir glauben dann an die Machbarkeit von Freiheit, Natürlichkeit, Harmonie, Unschuld und Vollkommenheit und projizieren diese Ideale auf Menschen und Situationen, was nicht ohne Enttäuschung abgeht. Ein gutes Beispiel ist unser aller Fortschrittsglaube, der Glaube an uneingeschränktes Wachstum. Die Entwicklung der letzten zwei Jahrzehnte führt uns indes unmißverständlich vor Augen, daß solche Ideale und unreflektierte Überzeugungen bald unseren Untergang und die ökologische Katastrophe bewirken könnten. Da Kind immer auch Entwicklung, Fortschritt und Wachstum bedeutet, sind diese Ideale auch die Götter unserer westlichen Zivilisation; der uneingeschränkte Glaube daran hat etwas Infantiles an sich. Es sind dies Götter, die auf tönernen Füßen stehen, und die, obwohl ihr Wert bisweilen und vor allem in früheren Zeiten unbestreitbar ist bzw. war, heute wohl eher als Götzen demaskiert werden müßten.

Die Bewußtmachung des göttlichen Kindes bedeutet zweierlei: einmal die Unterscheidung von den ihm zugeordneten Qualitäten und die Beschränkung auf das menschliche Maß; zum andern das Bemühen, diesen Idealen dort, wo es möglich und sinnvoll ist, nachzustreben und sie als wegweisend anzuerkennen. Diese Doppelgesichtigkeit ist ein Widerspruch, bedeutet ein Ja und ein Nein zugleich. Die Wahl zwischen den beiden ist menschliche Verantwortung im Rahmen des menschlich Möglichen. Diesem menschlich Möglichen gemäß zu leben, macht zugleich auch unsere Würde aus. Demzufolge bedeutet Integration des göttlichen Kindes nicht allein Beschränkung auf das Menschenmögliche, sondern ein Innewerden der Menschenwürde und ein Erfassen menschlicher Vollmacht.

Von einem infantilen Schatten handelt der folgende in Abwandlung verschiedentlich wiederkehrende Traum eines heute 40jährigen Mannes:

Ich bin ein Kind und gehe in einem Abstand von ungefähr einem halben Meter von der Erde durch die Welt. Ich schwebe frei über dem Boden und zwischen mir und dem Boden ist eine Art Luftkissen.

Wie erwähnt, stellte sich dieses Traummotiv wiederholt und über lange Zeit hinweg ein, so daß wir uns in der Analyse mehrmals damit befaßten und das Traumbild von verschiedenen Gesichtspunkten her betrachteten, bis sich allmählich folgender Sinngehalt herauskristallisierte:

Rainer, wie ich den Träumer hier nenne, war in seinem Ich unbewußt verschmolzen mit einem infantilen Schatten, der im Traum als Kind, das keinen Boden unter den Füßen hat, erscheint. Es war oft seine gewohnheitsmäßige Haltung, über den Dingen zu stehen, über sie hinwegzuschweben. Angetan von weltfremden Idealen und Paradieseserwartungen, die sich um das göttliche Kind anordneten, versuchte er sie nicht nur zu erfüllen, sondern erwartete sie auch von Menschen und Situationen. Die Identifizierung mit dem göttlichen Kind verlieh ihm auch etwas Realitätsfremdes und beträchtliche Unbezogenheit. Um des Friedens und der Harmonie willen hielt er sich in Diskussionen oft «draußen». Auseinandersetzungen scheute er, weil er um die Einbuße seiner Freiheit bangte. Auf diese Weise war er nie ganz im Leben drinnen und empfand dies auch als sein größtes Problem. Er wußte nicht, welche Richtung einschlagen, tat sich schwer zu heiraten und wußte aus Erfahrung nur allzu gut, daß immer, wenn er sich zu etwas bekannt hatte, der Entschluß ihn bereits einengte und er den starken Wunsch verspürte, auszusteigen und nach neuen Horizonten aufzubrechen.

Diese freischwebenden Zustände hatten natürlich auch ihre guten Seiten und erwiesen sich oft als hilfreich. Rainer war in einem sozial-therapeutischen Beruf tätig, und wir beide fühlten uns bei der Traumbetrachtung unwillkürlich an Freuds therapeutische Forderung der «freischwebenden Aufmerksamkeit» erinnert. In der Tat ist es für jeden in einem therapeutischen Beruf Tätigen wesentlich, die Aufmerksamkeit sozusagen frei schweben zu lassen, um nicht in die Falle vorschneller Deutungen zu geraten. Diese vorurteilslose und unparteiische Stellungnahme war Rainer in seiner Arbeit mit Menschen sehr hilfreich, und er war talentiert genug, sie auch fruchtbar nutzen zu können.

In einem Bewußtwerdungsprozeß wurde Rainer seines infantilen Schattens allmählich inne, lernte sehen, warum er mit ihm identifiziert war, und es gelang ihm in der Folge besser, Realität und Idealität, göttliches und irdisches Kind zu unterscheiden, um so menschliches Maß annehmen zu können.

Das göttliche Kind in Zeiten der Not

Das göttliche Kind spiegelt sich in der Seele des Menschen in Träumen, Visionen und Imaginationen als heiliges Kind. In Zeiten tiefster Zerrissenheit geht eine heilende Wirkung von ihm aus, wie wir dies im Traum von Friedrich Huch (s. S. 100) und in Sabines Träumen (S. 110) sehen konnten. – Von einem Gläubigen der Ostkirche hörte ich sagen, daß er die Ikone der Gottesmutter mit dem Jesuskind (vgl. Tafel 4), die immer ein Bild der Inkarnation und der besonderen, jedoch endlos variablen Beziehung zwischen Mensch und Gott ist, vor allem in Zeiten innerer Zerwürfnis betrachte und meditiere.

Das göttliche Kind als Archetyp des Selbst kann sich, wie bereits gesagt, in der menschlichen Seele nur spiegeln. Einzig Ausnahmezustände im kranken wie im gesunden Seelenleben lassen die archetypischen Züge reiner als sonst üblich hervortreten. Als Ausdruck einer psychischen Krankheit gilt das Wahnkind, das psychotische Frauen glauben geboren zu haben. Ebenso müssen jene Kranken erwähnt werden, die sich als Gottesmutter Maria wähnen und meinen, ihr Kind sei das Gotteskind. Häufig geschieht es auch, daß sich in der Geisteskrankheit Opferphantasien um Kinder anordnen und der/die Kranke ein Kind wirklich zum Opfer darbringen will. Eine eindrückliche Schilderung davon findet sich in den autobiographischen Aufzeichnungen des Schweizer Arztes Domenic Gaudenz, der den religiösen Wahn einer Patientin wie folgt schildert:

«Sie lebte in einer Welt der Einbildung und in einem religiösen Wahn. Sie hielt sich für die Braut Jesu, (...). Jesus erschien ihr und versprach, sie zu heiraten, wenn sie ihm ihr Töchterlein opfere.
Eines Tages schmückte sie ihr Zimmer aufs herrlichste; sie deckte den Tisch für zwei Personen (...). Mit vielen, vielen Blumen sorgte sie für ein festliches Gepräge. Sie machte sich selber schön, denn – heute sollte der Bräutigam kommen, heute war Hochzeitstag! Sabinchen, die kleine Erstklässlerin, kam nach Hause. (...) Mit wirren Augen empfing sie die Mutter, packte sie mit der Kraft einer Besessenen, band ihr mit einem vorbereiteten Seil die Arme an den Körper umschnürte und wickelte sie völlig ein. Dann trug sie das Kind hinaus auf den Vorplatz des Hauses. Dort hatte sie einen Spaltstock und ein breites Beil bereitgestellt und wollte nun ihrem Kind den Kopf abschlagen» (Gaudenz, S. 248/9).

Das Vorhaben der armen Kranken wurde indes vereitelt, und das Kind konnte gerettet werden. In solchen und ähnlichen Zuständen zeigt es sich sehr deutlich, in welchem Maße bedrohlich und zerstörerisch archeytpische Vorlagen auf das Bewußtsein wirken und das Ich zu krankhaften Handlungen und Impulsen verleiten können.

Das eindrücklichste Zeugnis über das Erscheinen der archetypischen Vorlage von Mutter und Kind im gesunden Seelenleben fand ich bei Cordelia Edvardson, der Tochter der berühmten Dichterin Elisabeth Langgässer (1899–1950), dokumentiert. Frau Edvardson, als Halbjüdin geboren, kam, kaum dem Kindsein entwachsen, in die Hölle von Auschwitz und – überlebte. Von ihrer schwierigen Kindheit, der Zeit im Konzentrationslager und den Jahren danach legt sie in einem ergreifenden Buch mit dem Titel «Gebranntes Kind sucht das Feuer» Zeugnis ab. Darin findet sich der Bericht über eine Mutter, der gesagt wird, sie könne sich allein dadurch retten, daß sie ihr Kind der Verurteilung übergebe. Die Mutter leistet dem Vorschlag des SS-Schergen nicht Folge, sondern geht mit ihrem Kind zur Gaskammer und in den Tod. Für die Erfassung und Beschreibung dieser Extremsituation zieht Frau Edvardson den Vergleich der Gottesmutter mit ihrem göttlichen Kind herbei und faßt das Geschehen in folgende Worte:

«Dem Mädchen sind auch keine Bilder, keine Märchen und Gedichte mehr geblieben, von denen sie zehren und mit denen sie sich trösten könnte. Das unersättliche Nichts hat alles verschlungen.

Statt dessen kreist sie um ein Bild der Wirklichkeit, es lockt und erschreckt, sie wagt kaum daran zu rühren, dennoch ist es so schön, so voll unerreichbaren Sehnens wie die auf Goldgrund gemalten Muttergottesbilder. Diese Bilder mit ihren Miniaturstädten, Gärten und Menschen, die im Hintergrund des Bildes ihr eigenes, behütetes Leben leben und im Strahlenglanz von Mutter und Kind golden leuchten. Dennoch ist dieses Bild gefährlich und muß – kann aber nicht – weggeschoben und vergessen werden.

Und dies ist das Bild des Mädchens:

Die schöne, blonde Frau steht vor Mengele oder einem anderen SS-Mann mit blanken, schwarzen Stiefeln. Die Frau hält ein Kind eng an den Körper gepreßt, der Acht- bis Zehnjährige steht vor ihr, und sie hat die Arme um ihn geschlungen, so fest, daß die beiden, die Frau und das Kind, wie zusammengewachsen wirken.

Wie die Mutter das Kind überhaupt in das Lager hineinbekommen hat, weiß das Mädchen nicht, vielleicht sind die beiden mit einem dieser ‹unsortierten› Transporte aus Theresienstadt gekommen, und sie hat ihr Kind – eine Zeitlang – verstecken können. Der SS-Mann scheint die Frau gut zu kennen, er nennt sie beim Vornahmen, er argumentiert und versucht sie zu überreden, bittet sie, ihr eigenes Leben dadurch zu retten, daß sie das Kind, das verurteilte Kind, abliefert. Die Mutter weigert sich. Schließlich werden sie und das Kind von einem Wachtposten durch das Lagertor den schnurgeraden Weg zu den Gaskammern geführt, die Frau hält das Kind an der Hand, sie geht sehr gerade, beugt sich nur hin und wieder vor, um dem Kind etwas zu sagen. Es gibt noch soviel zu sagen, und das Kind trabt vertrauensvoll mit, sträubt sich nicht, scheint gar keine Angst zu haben. Vielleicht erzählt die Mutter ihm von dem ‹Vögelein, das unter den Flügeln der Mutter Schutz sucht, und dem Kind, das geborgen im Schoß der Mutter ruht›» (Edvardson, S. 92/3).

Die Mutter und ihr Kind lebten in diesem Augenblick die göttliche Vorlage bis an den Rand des Möglichen und sind als Anonyme in der Zahl der vielen Opfer zu großartigen Zeugen der Vollmacht menschlichen Tuns im Lichte des Göttlichen und im Schatten der Extremsituation geworden.

Kind Gottes

In diesem Kapitel werde ich in zwei Beiträgen dem Kindschaftsverhältnis zu Gott nachgehen. – Aus meiner Kindheit sind mir
Aussprüche älterer Familienangehöriger noch lebhaft in Erinnerung. In ihnen kamen immer wieder die Worte «Kind Gottes»
vor und das in verschiedener Betonung. «Kind Gottes» konnte
eine zärtliche Liebesbezeugung bedeuten; mit Nachdruck ausge-
sprochen, hieß «Kind Gottes» aber auch eine gewisse resignie-
rende Ergebenheit der Erwachsenen angesichts meiner Ungezo-
genheit. Jahre später ist mir die tiefe Bedeutung dieser zwei
Wörter aufgegangen und mit Wehmut muß ich bisweilen an
meine Kindertage zurückdenken, wo Großmütter und Großtan-
ten diesen so bedeutsamen Ausdruck ganz selbstverständlich in
ihrem Wortschatz führten. Sich als Kind Gottes zu fühlen, ist
etwas Schönes. Die Worte weisen auf die bedingungslose
Zuwendung Gottes zu seinem Geschöpf hin gemäß dem Wort:
«Seht, was für eine Liebe uns der Vater geschenkt hat, daß wir
Kinder Gottes heißen sollen; und wir sind es.» (1. Joh. 3,1) Wem
der Glaube daran vergönnt ist, fühlt sich im Gottvertrauen getragen und erlebt sich in ein zuversichtliches Daseinsgefühl einge-
bettet.
Indes: wenigen Menschen ist eine solche Grundgestimmtheit
vergönnt, und es sind viele, die ein strafendes und sich rächendes
Gottesbild in sich tragen. Auf absoluten Gehorsam zu den
Eltern getrimmt, haben sie sich auch ein Gottesbild aufgebaut,
wonach sie Gott-Vater Rechenschaft über all ihr Tun und unbedingten Gehorsam schuldig sind. Ein solches Gottesbild ist, wie
mir scheint, ein ins Überpersönliche weitergeführter Elternkomplex und hat mit Gott und religiöser Erfahrung nicht eben viel

gemeinsam. Die strafende Gottesvorstellung, die ihre Entsprechung im absoluten Gehorsam des Kindes zu seinen Eltern findet, ist historisch eingebunden und begann sich zu Beginn der Neuzeit, vor allem durch die leider letztlich einseitig verstandenen Lehren von Martin Luther, zu verbreiten (vgl. Mallet). Die alten hierarchischen Ordnungen des Mittelalters waren zusammengebrochen, neue mußten gefunden werden. Sie verbanden sich in der Folge mit einer Gehorsamsleiter, auf deren untersten Sprossen die Kinder und auf deren höheren Eltern, Lehrer und Priesterschaft standen. Jeder diene dem nächst Höheren in Gehorsam und Unterwürfigkeit, das war die Devise. Sie bedingte ein strafendes Gottesbild und einen allgegenwärtigen Gott, der sich um jedes Vergehen kümmert. Liebe und Zuneigung zu den Kindern waren nicht angezeigt, vielmehr aber der Knüppel. «Züchtige bei Zeiten den Knaben, so wirst du sein erhaben», sprach der Pädagoge Hans Sachs, ein Zeitgenosse Luthers (zit. n. Mallet, S. 44). Diese Pädagogik, von Katharina Rutschky zutreffend als die «schwarze Pädagogik» (Rutschky) bezeichnet, sollte sich über Generationen bis in unsere Zeit hinein erhalten (vgl. S. 161). Die bei Grimm abgedruckte kurze Erzählung «Das eigensinnige Kind» (KHM 117), jedoch bereits 300 Jahre vorher in Hans Sachs' «Traktat von der Kinderzucht» (1552) belegt (Mallet, S. 44), berichtet von einem Kind, dem Gott zur Strafe seines Eigensinns Krankheit und Tod schickt. Aus solchen und ähnlichen Belegen kann man entnehmen, wie strafend und rächend Gott gesehen wurde. In diesem Verständnis ist das «Kind Gottes» ein gehorsames und anpassungswilliges, und der ursprünglich von der bedingungslosen Liebe Gottes zeugende Gedanke der Gotteskindschaft ist in sein Gegenteil verkehrt: nur wer gut und fromm ist und sich den Himmel durch Gehorsam und gute Werke verdient, steht in einem Kindschaftsverhältnis zu Gott.

Wer sich von dieser Leistungstugend jedoch freimachen kann und hinfindet zum arglosen Vertrauen und sich im ursprünglichen und guten Sinne als «Kind Gottes» fühlt, das heißt bedingungslos angenommen, dem ist das Geschenk des Kinderglaubens gegeben, oder es wird ihm die Gnade einer emotionalen Neuorientierung zuteil.

Verlorener Kinderglaube

Einer der ersten Träume Inges in der Analyse bei mir sprach davon, daß sie in der Stunde eingeschlafen war und wie ein Kind vor sich her gesummt hatte:

Ich war bei Frau Asper. Auf einmal fragte ich sie: «Bin ich eingeschlafen?» Sie bejahte. Ich dachte, das gibt's doch nicht! –, ich mit meiner nervösen, überlebhaften Art schlafe in der Analyse ein! Sie sagte, ich hätte die Augen geschlossen gehabt und leise gebrummt oder gesummt. Ich dachte – immer noch im Traum – daran, daß das auch als Kind meine Art gewesen war. Ich habe immer gebrummt und leise vor mich hergesungen, wenn ich sehr müde war.»

Im Zusammenhang mit diesem Traum fiel ihr eine Traumszene ein, die sie zwei, drei Monate zuvor geträumt hatte. Sie lautete:

Ich singe im Traum: «Laß ruhn zu Deinen Füßen dein armes Kind, es will die Augen schließen und glauben blind.»

Die Träume schienen von verschwundener Kinderseligkeit und verlorenem Kinderglauben zu handeln. Monate später wurden sie in der Analyse wichtig und Ausgangspunkt einer wieder erwachten Sehnsucht nach religiöser Erfahrung. Doch: was geschah inzwischen?

Inge erschien mir als ein äußerst lebhafter Mensch; sie wußte immer etwas zu berichten, erzählte interessant, lustig und verlieh ihren Erinnerungen und Ausführungen eine reizende Spannung. Ich hörte gerne zu und fühlte mich belebt. Die Weise, in der Inge erzählte, hatte jedoch bisweilen auch etwas Atemloses, Sprunghaftes, und ich mußte häufig nachfragen, um den Faden nicht zu verlieren. Sie uferte auch oft aus und wußte letztendlich nicht mehr, warum und wozu sie dieses oder jenes Thema angeschnitten hatte.

Im Nachsinnen über Inges Art, die Analysestunden auszufüllen, und über meine diesbezüglichen Reaktionen stieg in mir das Bild eines übereifrigen, kleinen Mädchens auf, das sich der Gegenwart und des Wohlwollens seiner Mutter und anderer Familienangehöriger versichern mußte, stets auf der Hut war, es ja allen recht zu machen und bestrebt war, seine Umwelt zu erheitern. Ich teilte Inge dieses Bild mit und fragte sie, ob es zutreffe, daß ihre Kindheit von einem solchen Verhalten geprägt gewesen war. Das war tatsächlich der Fall. Inge war das langersehnte und einzige Kind relativ alter Eltern. Im gleichen Haushalt wohnten noch die Großmutter, eine ledige Tante und ein lediger Onkel. Von allem Anfang an war sie der Mittelpunkt, und die gesamte Aufmerksamkeit der Familienmitglieder richtete sich auf das kleine Mädchen. Inge war nicht nur ein hübsches, sondern auch ein sehr begabtes Kind und wurde bald zum Brennpunkt, in dem sich die Hoffnungen, Sehnsüchte und Wünsche ihrer Eltern, aber auch von Tante, Onkel und Großmutter sammelten. Tragische Kriegsereignisse, Not und schwierige Umstände hatten das Leben der Erwachsenen um Inge herum gekennzeichnet. Keiner erwartete mehr viel vom Leben, vom Kind aber erhoffte man sich vieles und übertrug ihm die Ehrenrettung der Familie.

Es war ein tief gläubiges Milieu, in das Inge hineingeboren worden war. Die häufig untereinander verstrittenen Familienmitglieder fanden sich in einer pietistischen Frömmigkeit geeint. Dieser starke Glaube war eine Quelle, aus der sie Kraft schöpften und das Kind war ihnen Freude, Hoffnung und das Versprechen auf eine bessere Zukunft.

Inge nahm die geheime Botschaft, die ihr von ihren Bezugspersonen zukam, rasch und bereitwillig auf. Sie bekam die Rolle zugeteilt, ihren Angehörigen, vor allem aber der vom Dasein enttäuschten Mutter, Freude zu machen. Zu dieser Rolle gehörte außerdem bei Reibereien und Konflikten, Frieden zu stiften und schließlich umfaßte sie Schulung und Ausbildung ihrer Intelligenz, um die Familie sozial emporzuführen. Kein Wunder also, daß Inge stets bemüht war, es allen recht zu machen und die Umgebung bei guter Laune zu erhalten. Noch heute als Erwachsene war sie bestrebt zu unterhalten, auch bei mir in der Analyse. Wie gehetzt mußte sie im Kontakt mit anderen Menschen Gestik, Mimik und Sprache einsetzen, um ja nicht zu enttäuschen und die einst an sie gerichteten Erwartungen auch heute noch zu erfüllen. Besonders ihrer Mutter gegenüber hatte Inge die Bedeutung einer Trostfigur, ja, man kann ruhig sagen, daß in einem gewissen Sinne die Rollen vertauscht waren und Inge die Mutter zuzeiten bemutterte.

Eine Schlüsselerinnerung betraf eine kleine, aber höchst bezeichnende Szene. Als Inge, damals fünfjährig, mit ihrer Mutter während des Krieges auf der Flucht war, wurde diese ernsthaft krank, so schwer, daß sie glaubte, sterben zu müssen. In ihrer Sorge teilte sie Inge ihre Lage mit und Inge – daran erinnerte sie sich noch ganz deutlich – sagte: «Mach dir nichts draus, ich hab' ja noch die Tante!» Dieser Ausspruch, so komisch er aus Kindermund klingt, ist eigentlich tief traurig. Als Inge dies der Mutter sagte, tröstete sie zunächst diese und dachte nicht an ihr Erschrecken und an die damit verbundenen eigenen, traurigen Gefühle. Das Kind konnte deshalb so gut trösten und war auch darum in der Lage, die ihm zugeschobene Rolle als Sonnenschein und Hoffnungssymbol zu erfüllen, weil es einen noch ungebrochenen Kinderglauben an einen gütigen himmlischen Vater hatte. Inge fühlte sich als Kind in echter Weise als «Kind Gottes», angenommen und bedingungslos geliebt. Gott war ihr Vater und Mutter zugleich, von ihm bezog das Kind arglos und selbstverständlich Kraft, Mut, Trost und Lebenssicherheit.

Die eingangs wiedergegebenen Träume wurden auf dem Hintergrund dieser Kindheitserinnerungen vollends verständlich. Inge, die im Traum während der Analysestunde einschläft und leise vor sich hinsummt, und Inge, die im Traum das fromme Lied vom Kinderglauben singt, diese Inge gab es indes im erwachsenen Leben nicht mehr. Diese kindlich-fromme Gläubigkeit war verloren und zerschellt, nach ihr sehnte sich jedoch die erwachsene Inge zurück und tat dies zurecht. Das Verlangen war letztlich eines nach innerer Ruhe und seelisch-geistiger Heimat im religiösen Sinn. Die zwei kurzen Träume waren deshalb von größter Bedeutung und hatten bereits zu Beginn der Analyse ein zentrales Thema, um das es in der ganzen Analyse gehen sollte, höchst präzise angeschlagen. Sie hatten auf die Kindheit verwiesen, aber auch Zukünftiges angekündigt.

Inge hatte als Folge der geistlichen Atmosphäre in ihrem Elternhaus Theologie studiert und damit den Wunsch ihrer Bezugspersonen nach gehobenem Stand erfüllt. Sie hatte dabei aber gleichzeitig ihren Glauben verloren, und es war ihr nicht vergönnt gewesen, den so echten Kinderglauben in einen ebenso echten, reifen Glauben überzuführen. Ihre innere Rast- und Ruhelosigkeit wurde dadurch verstärkt. Sie suchte nach geistiger Nahrung und verschlang Buch um Buch, begeisterte sich für andere spirituelle Wege, wandte sich enttäuscht ab und brach zur Realisation von anderen Hoffnungen auf. Ihre wache Intelligenz erlaubte es ihr, sich mühelos im Bereich des Geistes zu bewegen und sich ein großes Wissen anzueignen.

Was Inge jedoch fehlte, war die Möglichkeit, sich auf sich selber zu beziehen und sich in ihren eigenen Gedanken und Gefühlen ernst zu nehmen. Gleich wie sie einst ihre Bezugspersonen über sich gesetzt hatte und ihre eigenen Gefühle und Gedanken nicht hinterfragte, nahm sie noch heute Meinungen und Aussagen ihrer geistigen Lehrer, Vorbilder und Bekannten wichtiger als ihre eigenen Gedanken und Impulse. Wer als Kind eine solche Delegation unbewußter Ansprüche seiner Umgebung zu erfüllen hat, findet später schwer daraus heraus. Das galt auch für Inge. Der folgende Traum war deshalb hoffnungsvoll und günstig, sprach er doch davon, daß Inge sich vermehrt an sich selber orientieren wollte. Es ist zwar kein Traum, in dem ein Kind vorkommt, er zeigt aber in eindrücklicher Weise die ihr im erwachsenen Leben zur zweiten Natur gewordene Haltung, andere vorgängig ihren eigenen Bedürfnissen zu befriedigen. Der Traum:

Ich war in einem Laden und probierte einen Bikini und Jacken an. Alles paßte einigermaßen, aber es war nicht überwältigend. Immer wieder probierte ich drei verschiedene Jacken an und hätte beinahe eine gekauft. Aber schließlich sagte ich der Verkäuferin, einer etwas älteren Dame, daß ich am liebsten gar nichts kaufen würde, aber es wäre mir peinlich, nachdem ich jetzt schon so lange ihre Zeit in Anspruch genommen hatte. Sie sagte indessen ganz freundlich: «Aber selbstverständlich können sie es lassen. Das ist doch unsere Aufgabe.» Und im Vertrauen sagte sie mir, es gäbe bessere, größere Bekleidungshäuser, da hätte ich viel mehr Auswahl. Ich war überrascht. Froh ging ich fort. Zum erstenmal nahm ich nicht irgend etwas aus Anstand, sondern verschob meinen Einkauf. Außerdem hätte ich ja auch gerne eine feinere, hellere Jacke, crème oder weiß, gehabt, die zu vornehmen Sommersachen paßt. Die könnte ich woanders suchen.»

Im übertragenen Sinne hatte Inge immer und immer wieder «eingekauft»: die Ideen und Meinungen anderer Leute nämlich, und hatte dabei zu wenig ihre eigenen Reaktionen sprechen lassen. Zu vieles ließ sie sich «andrehen» und erlaubte es sich kaum, ihre eigenen Gedanken – die, wurden sie nur einmal formuliert und gehört, gut und originell waren – zur Kenntnis zu nehmen. Hier im Traum kauft sie also nicht mehr wie bisher Halb-Passendes ein, sondern will die ihr zusagende Jacke finden.
Um diese eigene «Jacke» ging es denn auch in der Analyse. Sie bedeutete näherhin: das Eigene, die eigenen Gedanken, Gefühle, Phantasien und Impulse. Je mehr Inge sich zu zentrieren und zu «mitten» begann, desto ruhiger wurde sie. Noch ist sie unterwegs zu sich selber, aber es machen sich bereits jetzt schon Ansätze zu einem veränderten Selbst- und Welterleben bemerkbar. Einher mit dem Ernstnehmen ihrer Kindheitsgeschichte wurden auch die Erinnerungen an ihren kindlichen Glauben wach. Damit verbunden flackerte die Sehnsucht nach

einem neuen Glaubensverständnis und religiöser Erfahrung auf. Dort, wo die Sehnsucht sich zu regen beginnt, dort ist immer auch Hoffnung. Diese hieß für Inge Hoffnung auf neue im Erleben eingebundene Gotteserfahrung.

Gotteskindschaft

Ein Mann, ich nenne ihn hier Alex, der bereits die Lebensmitte überschritten hatte und in seinem 55. Lebensjahr stand, träumte im zweiten Jahr seiner Analyse den folgenden Traum:

Ich gehe einen dunklen Korridor entlang, rechts und links befinden sich in regelmäßigen Abständen Türen. Vorne ist ein unbeschreibliches Licht, das alles durchflutet. Das Licht ist kein gewöhnliches, sondern ein übernatürliches. Es beseelt und beseligt mich und strömt mir entgegen. Tief bewegt spreche ich die Worte: «Vater, Vater, bist Du gekommen?!» Ein inniges, bis dahin nie gekanntes Gefühl, angenommen zu sein, so wie ich bin, steigt in mir auf. Es ist das Gefühl, sein zu dürfen mit all meinen ungereimten Seiten.

Der Träumer erlebt sich in diesem Traum als Sohn, als Kind Gottes, bejaht und angenommen. Diese Erfahrung war neu für ihn, denn sein Leben verlief bislang in wohlgeordneten Bahnen, wofür der streng durch Türen unterteilte, etwas dunkle Korridor des Traumes ein sprechendes Bild abgibt. Er hatte sich ein Leben lang angestrengt, es allen recht zu machen, und dabei stets gerne, bereitwillig und äußerst pflichtbewußt Aufgaben übernommen und so ausgeführt, daß sie zum Wohl der Familiengemeinschaft, aber auch darüber hinaus zum Vorteil des beruflichen Umfelds ausschlugen. Als typische Führernatur wurde er von seiner Umwelt als väterlich, ja, patriarchal in einem guten Sinne erlebt. Man wandte sich an ihn, um Rat zu holen, man bat ihn um Hilfe, wo es not tat, und er versagte sich diesen Bitten und Anliegen niemals. Seine Lebenführung sowie sein Selbst- und Weltverständnis gründeten in hohen Idealen, die Werte wie

Pflichterfüllung, Sachlichkeit, Wahrheit und Nächstenliebe beinhalteten. Alex war stets bestrebt gewesen, eigene Wünsche zugunsten anderer zurückzustellen, und sah einen Gutteil seines Lebenssinnes sich im Dienst am Nächsten erfüllen. Er führte also, um es kurz zu sagen, ein tugendhaftes Leben.

Im Sinne eines psychologischen Verständnisses seiner Persönlichkeit hatte er sich im Laufe seines Lebens sehr stark den patriarchal-christlichen Wertvorstellungen angeschlossen, wobei das väterliche Element seinen Charakter mehr und mehr einseitig zu prägen begann.

Fragt man sich, wie es dazu kam, so läßt sich gar manches sagen, was das Spektrum zwischen Anlage und Umwelt umfaßt. Auffällig an Alex' Werdegang war, daß es in seinem Leben von allem Anfang an immer wieder Menschen, Situationen und Zeitspannen gab, die ein väterlich-führendes, pflichtbewußtes Verhalten von ihm forderten. Durch sein streng religiöses Elternhaus wurden die entsprechenden Werte auf ganz natürliche, unhinterfragte Weise an ihn herangebracht. Als ältester und zudem sehr begabter Sohn hatte er den jüngeren Geschwistern Vorbild zu sein; später ergab es sich, daß er seinem behinderten jüngeren Bruder gegenüber eine brüderliche Führungsrolle einnahm und auch zu dessen Vormund eingesetzt wurde. Während der krisenhaften Dreißiger Jahre war sein Vater gezwungen gewesen, jahrelang entfernt vom Wohnort der Familie sein Brot zu verdienen. Diese Abwesenheit des Vaters brachte es wiederum mit sich, daß Alex unwillkürlich in die Rolle des männlichen Familienoberhauptes hineinwuchs. Später wollte er studieren, verfügte er doch über glänzende intellektuelle Gaben, doch die Mittel seiner Eltern reichten zur Finanzierung des Studiums nicht aus. Gleichwohl meldete er sich an der Universität an, bewarb sich um Stipendien und verdiente daneben seinen Lebensunterhalt durch harte Arbeit, zum Beispiel als Kellner in der Studentenmensa. Alex übernahm also, zu einer Zeit, wo andere ihre Jugend und ihr Studium genießen konnten, nicht allein die Verantwortung für seine Studien, sondern auch für seinen Lebensunterhalt. Es ist wohl unnötig, speziell darauf hinzuweisen, daß Alex dadurch in eine Außenseiterposition gedrängt wurde. Durch die Umstände gezwungen, führte er einen Lebensstil, der dem altersgemäßen Verhalten eines Studenten weit voraus war. Trotzdem war er recht beliebt und gern gesehen, doch nicht von gleich zu gleich, sondern als Helfer und väterlich-brüderlicher Freund.

Anlagemäßig dürfte wohl die Bereitschaft, väterlich zu reagieren, zu seiner Mitgift gehört haben, die dann in der Folge, bedingt durch die Umweltfaktoren, zur starken Neigung führte, Vaterqualitäten um den Preis anderer auszubilden. Im Sinne der Analytischen Psychologie C. G. Jungs kann man sagen, sein Leben sei sehr stark vom Archetyp des Vaters geprägt, was bedeutet, daß das väterliche Bereitschaftssystem seiner Psyche übermäßig ausgebildet wurde. Sein Vaterkomplex war ein positiver, dies im Gegensatz zu jenem Bernhards (S. 27 ff.). Die geschilderte Übermacht patriarchaler Einstellungen, so positiv sie sich auswirkte, brachte es jedoch mit sich, daß sich Alex zu sehr mit dem Großen-Vater-Archetyp identifizierte und dadurch andere Lebensmöglichkeiten in den Schatten gerieten, so Spontaneität, Natürlichkeit, Gefühle und Emotionen. Sein Selbstbild war von patriarchalen Idealen kodifiziert, und immer dann, wenn er dazu gegensätzliche Impulse und Tendenzen erlebte, wurden diese ins Abseits gedrängt. Er durfte nicht, und konnte es je länger je weniger, er selber sein in all seiner Natürlichkeit und seinen spontanen Regungen. Er hatte sich von seinen natürlichen Wurzeln entfernt und sich allzusehr in die «Persona» investiert. Unter Persona versteht man in der Analytischen Psychologie das Gesicht, das der Welt gezeigt wird, versteht man außerdem die vielfältigen Beziehungsformen zur Außenwelt. – Alex war es passiert, seine Persona zu stark auf Kosten anderer Lebensäußerungen hervorzustreichen. Er hatte sich «gewaltsam von seinem ursprünglichen Charakter getrennt zugunsten einer unwillkürlichen, der Ambition entsprechenden Persona», wurde dadurch «unkindlich und künstlich» und verlor «seine Wurzeln» (Jung, S. 176).

Es waren denn vor allem die Träume, die auf diese einseitige Ausrichtung aufmerksam machten. Bereits vom Beginn der Analyse an wiesen sie auf seine anderen Seiten hin und stellten die patriarchale Ausrichtung in Frage. Es sollte jedoch bis zum Zeitpunkt des oben zitierten Traumes vom Licht dauern, bis Alex begann, der Identifikation mit der Persona und patriarchalen Werten inne zu werden. In jenem Traum erfuhr er auf tief emotionaler Ebene das Gefühl, als Sohn, als Kind Gottes angenommen zu sein. Theologisch gesprochen handelt es sich dabei um die Erfahrung der Gotteskindschaft (vgl. RGG, Bd. II, Sp. 1799 ff.). Der Gedanke der Gotteskindschaft ist uralt und läßt sich auch außerhalb des Christentums nachweisen. Neu aber in der Botschaft Jesu ist die große Nähe, die zwischen Gott und seinen Geschöpfen herrscht. Der einzelne kann Gott-Vater wie ein Kind mit Du und Vater, ja mit dem Kosewort *Abba* anreden (Mk. 14,36). Gotteskindschaft ist letztlich Gnade und schließt die Vergebung aller Sünden mit ein, denn Gott «läßt seine Sonne aufgehen über Böse und Gute und läßt regnen über Gerechte und Ungerechte» (Mt. 5,45). Es handelt sich dabei um ein unmittelbares Dasein und Gegenwärtigsein Gottes, gemäß dem Wort, wonach jeder in der Hand des Vaters gehalten ist (Ps. 139). Die gütige Vaterseite Gottes zeigt sich vor allem in dessen Verhalten gegenüber dem verlorenen Sohn (Lk. 15,11 ff.). Als dieser nach Hause kommt und um Vergebung bittet, geht ihm der Vater in einem durchaus auch mütterlich zu bezeichnenden Verhalten mit offenen Armen entgegen, steckt ihm einen Ring an den Finger, läßt ihn neu einkleiden und veranlaßt ein großes Freudenfest. Kein Wort der Anklage fällt, auch ist keine Rede von Sünde und Buße, er nimmt den Sohn einfach auf und freut sich, daß dieser, der «tot war», «wieder lebendig geworden ist».

Schön und unverwechselbar innig kommt das Kindverhältnis zu Gott im bekannten Lied «Weißt du, wieviel Sternlein stehen» zum Ausdruck, wo es heißt: «Kennt auch dich und hat dich lieb.»

Die ursprüngliche Botschaft der Gotteskindschaft, die ohne Bedingung einfach *ist*, wurde indes vom Dogma bald dahingehend verändert, daß sie nur dem Frommen, Braven, Tüchtigen und Gerechten, durch gute Werke zum Beispiel, vorbehalten sein sollte. Genauso geschah es auch in Alex' Leben. Er fühlte sich nur akzeptiert durch Leisten, Gutsein und steten Einsatz. Was er also im Traum erlebte, war das Wunder, angenommen zu sein ohne Werke, war das Zurückfinden zur ursprünglichen jesuanischen Botschaft, ein Kind Gottes sein zu dürfen, so wie man eben ist. – Im unverfälschten So-Sein war aber zugleich auch die für Alex nur schwer zu erfüllende Aufgabe enthalten, anzunehmen, angenommen zu sein. Weniger und nicht mehr war nun von ihm erwartet. Sein zu dürfen, wie er war, das war die Schwierigkeit, denn immer wieder fiel er in die alte Einstellungen zurück, leisten zu müssen, um angenommen zu sein. Die Botschaft des Traumes war letztlich auf das Zurückfinden in das irdische Kind ausgerichtet. Im Traum spricht er, überwältigt vom Licht die Worte: «Vater, Vater, bist Du gekommen?!» Ganz tief in sich drinnen erfuhr er sich als Sohn und unterschied sich zum erstenmal von seiner lebenslänglich gespielten Vaterrolle.

Sein Traum erinnert mich an das Gespräch zwischen Jesus und Nikodemus, in dem es um die Wiedergeburt geht und Jesus sagt: «Wahrlich, wahrlich, ich sage dir: Wenn jemand nicht von oben her geboren wird, kann er das Reich Gottes nicht sehen.» (Joh. 3,3) «Wahrlich, wahrlich, ich sage dir: Wenn jemand nicht aus Wasser und Geist geboren wird, kann er nicht in das Reich Gottes kommen.» (Joh. 3,5) – Der fragende Ausruf im Traum: «Vater, Vater, bist Du gekommen?!» scheint mir auf das von Jesus beschriebene Erlebnis einer Geburt «von oben» hinzuweisen. Im Zustand des Träumens erlebte Alex in einem gewissen Sinne eine Wiedergeburt, die sich auf sein zukünftiges Selbstverständnis erlösend auswirkte: nicht nur Vater, sondern auch Sohn konnte er fortan sein. Vom Moment dieses Traumes an war etwas mit Alex geschehen. Der Wandel äußerte sich zunächst in einem veränderten Selbstverständnis. Er wurde aufmerksam auf seine Identifikation mit dem Vaterarchetypus, merkte, daß er zu dessen Gunsten Gefühle und Emotionen bei sich überging, und konnte vermehrt andere Gesichtspunkte zulassen. Etwas Bübisch-Verschmitztes brach sich Bahn, größere Natürlichkeit und Toleranzbereitschaft gegenüber Unvollkommenheiten drangen stärker durch. Schattenseiten wurden offenbar, und das, was bislang im Schatten lebte – seine kindliche Seite, seine Spontaneität und Natürlichkeit –, verlangte, ans Licht zu gelangen. Es stellten sich Träume ein, die auf diese Seite hinwiesen und sein Kindsein mehr betonten. Unmittelbar an den Lichttraum schlossen sich zwei vielsagende Träume an:

Ich befinde mich in einem Ruderboot. Mit mir im Boot sitzt noch ein anderer Mann. Dieser bewegt nun das Boot auf tückische Art und Weise, so daß ich fast hinausfalle. Ich bringe nun aber das Boot selbst zum Schwanken, und der Mann fällt kopfüber ins Wasser, worüber ich mich diebisch freue.

Ein starker Sturm ist ausgebrochen. Die im Hafen vertäuten Schiffe und Boote schaukeln bedenklich auf den hohen Wellen hin und her. Der Sturmwind fährt durch die Blätter und Bäume, die Zweige ächzen, ein großer Ast bricht ab. Ich befinde mich unmittelbar in der Fallinie, und der Ast droht, mich zu erschlagen. Doch ich bin unberührt von der Gefahr, gehe lediglich etwas schneller und setze unbeirrt meinen Weg fort. In der Hand trage ich ein Aktenköfferchen.

Ist er im ersten Traum kindlicher, so im zweiten völlig unkindlich und überaus erwachsen – männlich –. Doch sehen wir näher hin! Den zweiten Traum verstand Alex dahingehend, daß er trotz emotionaler Stürme und innerem Aufruhr überlegen bleibt und ruhig Blut bewahrt gemäß seinem Ideal, über den Dingen zu stehen, tapfer zu sein. Er begriff, daß ihm der Traum eine lebenslängliche Haltung vor Augen führte und diese so darstellte, daß es leicht fiel zu merken, wie einseitig er in seiner Unbeirrbarkeit geworden war.

Im Zusammenhang damit fielen ihm manche kleine Situationen ein, in denen er sich ausschließlich männlich-unbeirrt benahm. So erinnerte er sich an ein Abendessen, bei dem eine Frau in einer für ihn unerklärlichen Weise ärgerlich auf seine Äußerungen reagierte und nicht sparte an spitzen Bemerkungen. Das Gespräch drehte sich um die Rollen der Geschlechter und die vielen emotionalen Verflechtungen zwischen Mann und Frau. Alex nahm am Gespräch teil, wollte aber die Wogen glätten (!) und sagte mit nachhaltiger Betonung: «Wir alle benötigen einander» –, was ihm flugs eine der genannten Sticheleien seiner Tischdame eintrug. Einmal abgesehen davon, daß diese Dame vielleicht selber schlecht gelaunt war und deshalb negativ reagierte, kann man nicht umhin zu sehen, daß Alex ein lebendiges Gespräch, in welchem jeder einzelne subjektiv, gefühlsmäßig beteiligt war, auf eine andere, objektive, sachliche Ebene hob und mit seiner lehrerhaften Aussage eine allgemeine und zu befolgende Wahrheit in den Raum stellte. Er war also zum Vater geworden, der eine Lehrmeinung verkündet. Es ist deshalb durchaus einfühlbar, daß seine Tischnachbarin darauf ärgerlich reagierte. Ganz anders wäre wohl ein Satz angekommen, in dem er von sich und seinen Gefühlen gesprochen und dabei die Ich-Form verwendet hätte. Genau wie im Traum hatte Alex die Wogen übersehen wollen und war unbeirrt seinen Weg gegangen.

Im ersten Traum taucht die lausbübische Seite von Alex auf: er reagiert im Traum spontan und humorvoll-aggressiv und bewirkt, daß sein griesgrämiger Mitfahrer ins Wasser stürzt. Er handelte hier nicht seinen Idealen entsprechend und erwiderte schlagartig mit einer Handlung, die nicht in sein angestammtes Wertrepertoire paßte. Eine bislang im Schatten stehende, spontan-kindhafte Seite hatte sich im Traum durchgesetzt. Alex, der sein Verhalten im Traum zunächst moralisch verurteilte, begann bald, sich über den Traum zu freuen. In diesem Zusammenhang gingen ihm auch Träume, wie die beiden folgenden auf, und er wurde sich bewußt, was in ihnen angesprochen war:

Ich gehe über das Wasser und sinke nicht ein.

Ich koche das Nachtessen für Freunde. **Auf magische Art und Weise kann ich allein durch die Macht des Willens die Speisen wärmen, und durch den Einsatz meiner Fähigkeiten kann ich sogar Nahrungsmittel produzieren, doch das lasse ich die anderen nicht merken, das geht denn doch zu weit.**

Beide Träume zeigen ihn mit dem Heiler- und Helfer-Archetypus identifiziert. Jesus kann über das Wasser gehen, ohne zu versinken, und nur Jesus kann Nahrung so vermehren, daß sie für die Speisung der 5000 reicht (Mt. 14,21). Wer einer solchen Identifikation erliegt, ist unkindlich und hat das menschliche Maß verlassen. Für Alex war es ein Ideal, Helfer zu sein. In welcher Weise er jedoch damit identisch war, zeigten ihm zunächst seine Träume und in der Folge ein zunehmendes Innewerden über entsprechende Haltungen. – Der Lichttraum mit dem tiefen Erlebnis, von einem Vater angenommen zu sein, leitete, wie man es vor allem im Nachhinein sehen konnte, eine Entwicklung der Persönlichkeit ein, die es Alex erlaubte, sich vom Großen Vater zu unterscheiden, seine kindhaften Seiten anzunehmen, zu leben und menschliches Maß und Unvollkommenheiten zu tolerieren. Ein verbogenes, dogmatisches Christentum konnte allmählich zugunsten freierer Haltungen abgelegt werden, und Alex wurde in dem Sinne neu, als er auch seine Schattenseiten anerkennen konnte. Das Traumerlebnis und die nachfolgende Auseinandersetzung verhalfen ihm, sich vermehrt lebendig unterwegs zu fühlen und dem Gotteskindschaftsgedanken in seinem ursprünglichen Gehalt Raum zu geben.

Im Nachsinnen über Alex und seine Entwicklung wurde bei mir eine bislang unreflektierte und unbewußte Annahme in einer auch für mich befreienden Weise zurechtgerückt. Alex, der im Traum das Licht sieht und das Erlebnis des Angenommenseins hat, erfuhr das Göttliche nicht als etwas ihn Erwählendes, ihn Herausstellendes, sondern als Bejahung seines Menschseins mit all seinen Schattenseiten. Die Erfahrung des Lichts als einer Epiphanie (Erscheinung) des Göttlichen übertrug ihm weder eine

Aufgabe, noch war etwas Besonderes von ihm gefordert. Im Gegenteil, er machte in diesem kurzen Traummoment die zutiefst existentielle Erfahrung, als Mensch in seinem unvollkommenen So-Sein bejaht zu sein. Der Theologe Paul Tillich umschreibt diese gnadenvolle Bejahung mit folgenden Zeilen: «Manchmal bricht in einem solchen Augenblick ein Lichtstrahl in unsere Dunkelheit, und es ist als spräche eine Stimme: Du bist angenommen, angenommen von dem, der größer ist als du und dessen Namen du nicht kennst. Frage jetzt nicht nach dem Namen; vielleicht wirst du ihn später erfahren. Versuche jetzt nicht, irgend etwas zu tun; vielleicht wirst du später viel tun. Suche nichts; leiste nichts. Nimm einfach die Tatsache an, daß du angenommen bist!» (Tillich, 1959, S. 76)

Das Erlebnis führte Alex weg vom Vollkommenheits- und Leistungsstreben. Es gewährte ihm ein vertieftes Verständnis seiner Schattenanteile und forderte ihn auf, bislang nicht oder wenig gelebte Seiten vermehrt zu leben. Das Erlebnis verwies ihn auf Vollständigkeit (nicht mehr auf Vollkommenheit) seiner Person. Zur Vollständigkeit gehört auch ganz wesentlich der Schatten im Sinne der dunklen Persönlichkeitsanteile und bis jetzt nicht gelebter Möglichkeiten. Der Weg, zu welchem der Lichttraum den Anstoß gab, war, bildhaft gesprochen, nicht mehr einer, der ihn in die Höhe führen sollte, sondern ganz deutlich einer, der ihn auf Breite verwies. Für Alex hieß das, Mensch und nicht mehr gottgleich sein, was für ihn eine Umkehrung aller Werte bedeutete. Das Geschehen im Traum bejahte gerade das Menschliche, das menschlich Unvollkommene in ihm als gottgewollt. Das war eine ihm bis dahin unbekannte Botschaft, eine neue, die im Gegensatz zu seiner von Haus aus geübten christlichen Auffassung stand, nach welcher allein «immer besser» und «immer vollkommener» gottgefällig waren.

Die Erfahrung der Sohnschaft verband ihn vermehrt mit dem Kind in ihm. Dieses Kind war das Kind, welches er einst war und von dessen Ganzheitszustand er sich entfernt hatte. Dieses Kind war aber auch ein in die Zukunft weisendes und Erneuerung der

Persönlichkeit andeutendes. Das Kind war Träger seines Selbst im Sinne des eigenen Wesens. Von einem solchen Kind sagt C. G. Jung: «Es stellt den stärksten und unvermeidlichsten Drang des Wesens dar, nämlich den, sich selber zu verwirklichen.» (Jung, S. 184) Selbstverwirklichung in diesem neuen Verständnis bedeutete nun, Kontakt zu den verschütteten, kindhaften Möglichkeiten aufzunehmen, um so natürlicher zu werden und das Vaterhafte vermehrt hinter sich lassen zu können.

Das Kind:
lächelnd – vergnügt – schöpferisch

Das Lachen der Kinder

Nichts am Kind entzückt die Herzen Erwachsener mehr als sein Lächeln. Das lächelnde Kind ist Inbegriff der Sorglosigkeit und des Einklangs mit sich und der Welt; doch auch da handelt es sich letztlich um eine Projektion göttlicher Qualitäten auf das reale Kind. Göttliche Kinder lächeln. Bereits in der Ekloge Virgils (S. 84 f.), der berühmtesten Quelle vorchristlichen Heilandglaubens, lächelt das Kind und bekundet damit seinen göttlichen Ursprung. Es heißt da: «Nun, Knäblein, beginne deiner Mutter zuzulachen und ihr dadurch zu zeigen, daß du sie kennst, (. . .) du mußt nämlich wissen: nur aus solchen, die ihrer Mutter zugelacht haben, wählt sich ein Gott seinen Tisch, – eine Göttin ihren Lagergenossen.» (Norden, S. 10) Im damaligen Verständnis – die Ekloge entstand um 40 v. Chr. – galt das Lächeln des Kindes als göttlich, weil man davon ausging, daß Kinder bis zum vierzigsten Lebenstag nicht lachen (Lenzen, S. 206). Dieser Glaube hat sich jahrhundertelang erhalten. Er spiegelt sich auch im Aberglauben, wo man dem Lächeln des realen Kindes mißtrauisch entgegentritt und es nicht als einen menschlichen Zug auffaßt. Nur Wunderkinder und göttliche Kinder lachen gleich nach der Geburt, oder aber sie werden stumm oder Stotterer. Kinder, die früh lächeln, sind auch als Dämonen verdächtig, oder es steht ihnen eine schwere Krankheit bevor (Bächtold-Stäubli, Bd. V, Sp. 877). Erst viel später hat sich die noch heute weit verbreitete Vorstellung herausgebildet, daß das im Schlaf lächelnde Kind mit Engeln in Verbindung stehe, die ihm etwas Freundliches ins Ohr sagen.

Auch das Lächeln des Jesuskindes steht mit seiner Göttlichkeit und seinem göttlichen Ursprung im Zusammehang. Sein Lächeln ist nicht zuletzt auch deshalb so kostbar und besonders, weil in der ganzen Christologie das Lachen nicht eine eben große Rolle spielt und das Christentum schlechthin humorlos ist. Niemals hört man von den drei Leitfiguren – Gott-Vater, Maria und Jesus –, daß sie lachen, schon gar nicht herzhaft, und einen goldenen Humor an den Tag legen. Man muß schon auf die Volksliteratur, aber auch auf die apokryphen (nicht kanonisierte) Schriften zurückgehen, um Spuren des Humors im Christentum zu finden. Der übermütige Jesusknabe, dem jede Hilfsbedürftigkeit abgeht und dem etwas lausbubenhaft Verschmitztes eignet, spielt zum Beispiel in der Kindheitserzählung nach dem Thomasevangelium eine große Rolle. So entbehrt die bekannte Legende, nach welcher Jesus aus Lehm Vögel formt, nicht des Humors und des Schalks: als Jesus im Alter von fünf Jahren mit anderen Kindern an einem Sabbat an einem Strom spielt, formt er auch Vögel aus dem weichen Ton. Ein Kind meldet die Sabbatschändung Josef. Als dieser seinen Sohn zur Rede stellt, klatscht Jesus in die Hände und ruft den Vögeln zu: «Fort mit euch!» –, und die Vögel, die eben noch Lehm waren, fliegen mit Geschrei davon (Hennecke, Bd. I, S. 293 f.). Die Szene wird oft so dargestellt, daß Jesu Vögel davonfliegen und sich ein Lachen auf seinem Gesicht abzeichnet, während sich die Vögel der Spielkameraden nicht bewegen und sich auf ihren Gesichtern Neid und Enttäuschung spiegeln. – Die Szene spricht einen durch ihren Schalk unmittelbar an, und Jesus erscheint in ihr voller Daseinsfreude und Lebenslust. Der tiefere Sinn ist wohl der, daß der Vogel die menschliche Seele symbolisiert, und es Jesus gegeben ist, den Menschen zur Begegnung mit der lebendigen, eigenen Seele hinzuführen.

Auch die Volksliteratur ist reich an Erzählungen über die heiligen Gestalten und zeigen diese auch von ihrer humorvollen Seite. Die Geschichten bringen einen zum Lachen und gleichen auf diese Weise den dem Christentum anhaftenden ernsten Ton aus. In einer provenzalischen Legende geht es gleich um zwei Arten des Lachens, um ein dämonisches und ein triumphierendes. Der heilige Josef hatte eines Tages seine Zimmermannswerkstatt für eine kurze Zeit verlassen. Herein kommt ein Dämon und schlägt Kerben in die Schneideseite eines großen Messers. Daraufhin versteckt er sich, um sich an Josefs Zorn ergötzen zu können. Tatsächlich gerät Josef in Wut, ihr antwortet das gräßliche Lachen des Dämons. Doch nun schaut sich Josef die Sache näher an und setzt das gekerbte Messer zum Schneiden an, und «ritsch-ratsch, ritsch-ratsch» läßt sich das Holz besser teilen, denn aus dem Messer ist eine Säge geworden. Nun lacht Josef triumphierend: Wer zuletzt lacht, lacht am besten! (Provenzalische Märchen, No. 37, S. 181 f.).

Das Lächeln, schon früh als charakteristische Eigenschaft des göttlichen Kindes erkannt, wird nun nicht selten, wie bereits angetönt, dem realen Kind als Wesenszug zugeschrieben. Auf das lächelnde Kind, Pfand verlorener Unschuld, fluten die regressiven Paradiesesphantasien der sorgenbeladenen Erwachsenen zurück. Zweifellos gehört das Lächeln zum Kind, und Kinder haben in der Tat ein entzückendes Lachen. Wird aber das Kind damit glorifiziert, so mißt man ihm eine göttliche Qualität zu, stattet es mit einem Zug aus, der in dieser Reinheit nur den Göttern zukommt. Projektionen verzerren die Wirklichkeit. Kinder sind nicht nur hold lächelnde kleine Engel und, um beim Lachen zu bleiben, ist gerade das perfide Auslachen eine Eigenschaft, die Kinder in einem hohen Maße aufweisen. Darüber hinaus kann eine Projektion auch für den, der damit behaftet wird, einengend sein. Kindern, denen immer wieder gesagt wird, sie sollen ein freundliches Gesicht machen, geht dies ein Leben lang nach. Das Lächeln wird letztlich zum Schutzmechanismus, der vor Gefühlen, die der Umgebung nicht genehm sind, schützt. Mit diesem Mechanismus stellt sich das Kind (und der spätere Erwachsene) auch in den Schutz derer, die einen des freundlichen Gesichtes wegen annehmen und bejahen.

So erinnere ich mich an eine Frau mittleren Alters, deren Mutter angesichts von Schwierigkeiten und widrigen Umständen eine Zeile aus der Operette «Das Land des Lächelns» zu zitieren pflegte: «Lächeln, immer nur lächeln...» Diese Worte hielt sie auch ihrem Kind entgegen, wenn es mit schwierigen Gefühlen zu ihr kam, etwa nach einer Ermahnung des Lehrers oder dem Verlust eines geliebten Haustieres. Das Kind wollte angehört werden in seiner Wut und in seinem Kummer, doch die Mutter warf ihm mit singender Betonung diese Worte entgegen und forderte damit das Kind zu einer ungesunden Tapferkeit auf. Daraus ergibt es sich, daß Kinder, denen so begegnet wird, das Vertrauen in ihre Gefühle verlieren. Sie beginnen ihre Gefühle für verkehrt zu halten und gewöhnen es sich an, sie zu verdrängen. Damit geht ihnen jedoch ein Gutteil ihrer Affektivität und Lebendigkeit verloren. Nach außen aber wird das Lächeln gezeigt.

Der nachfolgende kurze Traum eines Mannes zeigt, wie es zu einer solchen Spaltung im Gefühlsleben kommen kann. Beat, so nenne ich ihn hier, träumte:

In einem Zimmer sind zwei Knaben. Der eine hat sich als Indianer verkleidet, der andere als Clown. Sie spielen Fastnacht. Da kommt die Mutter herein, sie ist aufgebracht über die Unordnung und beginnt gleich zu schimpfen. Das Indianerkind zückt sein Messer, das Clownkind lächelt die Mutter an. Die Mutter wendet sich dem Clownkind zu, nimmt es bei der Hand und verläßt mit ihm den Raum. Das Indianerkind bleibt zurück, zornig, wütend und traurig.

Dieser Traum zeigt eine Schlüsselszene aus Beats Kindheit und stellt mit diagnostischem Scharfblick das Entstehen seiner Neurose dar. Seiner Mutter war die lächelnde, lachende, vergnügte Seite angenehm. Sogenannte negative Gefühle wie Wut, Zorn, Angst und Traurigkeit lehnte sie indessen ab. Das geschah durch Ablenkung, Hinwegtrösten und Bestrafung, vor allem aber durch das Vorbild ihrer eigenen Anstrengung, unangenehme Gefühle zu unterdrücken. Der Indianerbursche mit seiner ganzen Heftigkeit und Aggressivität wurde von der Mutter – wie im

Traum – nicht anerkannt und nicht mitgenommen, er blieb in der Folge im Hintergrund. Den Clownjungen jedoch bejahte sie, und Beat lernte schnell begreifen, daß er so besser «durchkam», sich Gratifikationen einhandeln konnte und von der Mutter geliebt wurde. Daraus entstand eine Spaltung im Gefühlsleben. Sie bewirkte, daß Beat begann, seine als ungut bewerteten Gefühle zurückzuhalten und zu lächeln. Im Lauf der Jahre entwickelte sich daraus ein ständiges, stereotypes Lächeln, das ihm zur zweiten Natur wurde, welche er sich schwertat zugunsten seiner Spontaneität und der wahren Gefühle abzubauen.

Die Forderung, freundlich lächelnd und angepaßt zu erscheinen, fördert letztlich die depressive Verarbeitung von Geschehnissen. Darunter verstehe ich das unbewußte Verhalten, sich selber immer zuerst die Schuld zu geben, auch dann noch, wenn man eher Anlaß hätte, andere zu kritisieren. Die depressive Verarbeitung steht im Gegensatz zur grandiosen, mit der eigene negative Anteile – grandios, selbstherrlich – überspielt werden und anderen die Schuld angelastet wird.

Adrian, ein heute 48jähriger Theologe, hatte die Neigung, das Leben schwer zu nehmen und beschuldigte sich gerne selber. Ein Traum zeigte dieses Verhalten deutlich auf:

Jemand hat mich geärgert. Ich gehe in meine Vorratskammer und pinkle da. Draußen zieht ein Blasmusikkorps vorbei, und ich höre die flotte Musik sehr deutlich.

Statt sich zu wehren, zieht sich Adrian zurück, schließt sich in seine Vorratskammer ein und uriniert, das heißt, besudelt die Vorräte, die im übertragenen Sinne für seine eigenen Werte und Potentiale stehen. Der Traum zeigt sehr klar Adrians Tendenz, sich selber zu beschmutzen und zu kritisieren, statt eventuell auch einen Fehler des anderen in Betracht zu ziehen und sich entsprechend zu wehren. Dieses Verhalten hatte seinen Ursprung in seiner Kindheit, wo die Eltern durch eine überstarke Gewissenserziehung ihre Kinder dazu anhielten, immer zuerst die Schuld bei sich zu suchen. Aggressionen waren verpönt und mußten durch ein freundliches Lächeln abgewehrt werden. Die Marschmusik im Traum schlug nun eine andere Verhaltensweise vor. Sie bedeutete Adrian, angesichts solcher Begebenheiten das Grübeln und die übermäßige Selbstanschuldigung zu lassen und flott vorwärts zu schreiten. Anhand dieser Beispiele können wir sehen, daß das Lächeln für eine manipulative Erziehung zum Gehorsam mißbraucht werden kann, was dazu führt, lebenswichtige Impulse zum Schaden der ganzheitlichen Entfaltung zu verdrängen.

Vergnügte Kinder

Am Kind werden auch ganz besonders Vergnügtheit, Spielfreudigkeit und strahlender Optimismus hervorgehoben. Diese Züge kommen sehr deutlich in Kinderbüchern zum Ausdruck, ich denke zum Beispiel an Pippi Langstrumpf, die immer zu Streichen aufgelegte, fröhliche Heldin einer Serie von Kinderromanen der schwedischen Kinderbuchautorin Astrid Lindgren. Geht man in der Geschichte weiter zurück, so stößt man auf Max und Moritz, die unverdrossen, unfolgsam, zu Schabernack und Possen allzeit bereiten jungenhaften Helden Wilhelm Buschs (1832–1908). Max und Moritz dürfen recht eigentlich als die ersten Rebellen gegen eine jahrhundertealte Unterdrückungserziehung und Gehorsamspädagogik angesehen werden. Zwar erweist ihr Schöpfer dem Erziehungsstil seiner Zeit gebührlich die Reverenz und leitet die sieben Bubenstreiche mit den Worten ein:

«Ach, was muß man oft von bösen
Kindern hören oder lesen!
Wie zum Beispiel hier von diesen,
Welche Max und Moritz hießen.
Die, anstatt durch weise Lehren

Sich zum Guten zu bekehren,
Oftmals noch darüber lachten
Und sich heimlich lustig machten. –
– Ja, zur Übeltätigkeit,
Ja, dazu ist man bereit! –
– Menschen necken, Tiere quälen,
Äpfel, Birnen, Zwetschgen stehlen –
Das ist freilich angenehmer
Und dazu auch viel bequemer,
Als in Kirche oder Schule
festzusitzen auf dem Stuhle. –
– Aber wehe, wehe, wehe,
Wenn ich auf das Ende sehe!! –
Ach, das war ein schlimmes Ding,
Wie es Max und Moritz ging.
– Drum ist hier, was sie getrieben,
Abgemalt und aufgeschrieben»
(Busch, S. 9).

Und am Ende sterben sie tatsächlich: «Gott sei Dank! Nun ist's
vorbei / Mit der Übeltäterei!!» (ebd. S. 32). Und wie sie starben!
Sie werden zu Schrot vermahlen und dem Hühnern zum Fraß
ausgestreut: «Doch sogleich verzehren sie / Meister Müllers
Federvieh.» (ebd. S. 32). Damit hat Busch dem Zeitgeist
Genüge getan. Den Übeltaten von Max und Moritz steht nun
nichts mehr im Wege, sie sprengen die Fesseln und ärgern die
Witwe Bolte, den Schneider Böck, den Lehrer Lämpel, Onkel
Fritz, Meister Bäcker, den Bauern Mecke, kurz die ganze bie-
dere Dorfgemeinschaft. Sie hauen über die Stränge, und vor dem
ergötzten Leser ergießen sich aller Schalk und die ganze drollige
Lumpenhaftigkeit von Generationen unterdrückter Kinder.
Dem Werk wäre nicht bis in unsere Tage dieser Erfolg beschie-
den, würde es nicht an all die stark unterdrückten Seiten von
Erwachsenen rühren, die hier zum Zug kommen und, ordentlich
zwischen zwei Buchdeckeln verpackt, Orgien der Vergnügtheit

und des Vergnügens feiern können. Max und Moritz haben aber vor allem auch die Kinder erfreut und keck all die verbotenen Wünsche erfüllt und ihnen ein Ventil für den Schabernack geschaffen.

Ganz anders sieht es noch bei Heinrich Hoffmanns «Struwwelpeter» (1847) aus. Der Arzt Hoffmann schuf dieses Buch für seinen ältesten Sohn und seine kleinen Patienten, um ihnen die Zeit im Wartezimmer zu verkürzen. Das Buch wurde zu einem großen Erfolg, der bis heute noch anhält. Hier allerdings werden den Erziehungsmaximen noch deutlicher Genüge getan als bei Wilhelm Busch. Dem Daumenlutscher Konrad wird der Daumen abgeschnitten und der Zappelphilipp unter der Tischdecke und dem Geschirr begraben. Paulinchen, die mit dem Feuerzeug spielt, verbrennt lebendigen Leibes:

«Verbrannt ist alles ganz und gar,
das arme Kind mit Haut und Haar;
ein Häuflein Asche bleibt allein
und beide Schuh, so hübsch und fein»
(Hoffmann, S. 7).

Die Kinder schließlich, die den Mohren auslachen, werden vom großen Niklas ins Tintenfaß getaucht und sind nun schwärzer als der dunkelste Neger.

Hoffmanns noch stark moralisierender Erziehungstenor bricht überall durch. Doch warum trat das Buch dennoch seinen Siegeszug durch alle Kinderstuben an? Doch wohl nicht wegen der Moralisiererei allein. Viel eher dürfte das damit zu tun gehabt haben, daß es Hoffmann verstand, die Szenen so zu überzeichnen, daß selbst die ernsthaftesten Erziehungsmaßnahmen komisch wirken (vgl. Mallet, S. 298; Richter, S. 107). Man denke an Konrads Mutter mit dem gelben Schirm, dem Hütchen und ihrer sonntäglichen Krinoline, die in altertümlicher Anrede spricht: «Konrad», sprach die Frau Mama, «ich geh aus und du bleibst da» (ebd. S. 15), was gar zu einem geflügelten Wort wurde. Nein, mit dem Struwwelpeter konnten und können sich Kinder identifizieren. Keck steht er da auf dem Titelbild, mit langen, krausen Haaren, gespreizten Beinen, geschwellter Brust, ausgestreckten Armen und Fingernägeln, deren Länge wohl heute in das Guinness-Buch der Rekorde eingetragen würde. Hält man neben den «Struwwelpeter» zeitgenössische Erziehungsweisheiten, wie sie etwa in den Kinderbüchern unserer Großeltern zu finden sind – ich denke dabei an das bekannte «Staubs Kinderbüchlein» (1. Ausg. 1843) –, wird einem ganz klar bewußt, wie sehr der Struwwelpeter trotz sehr drastischer Strafen ein Oppositioneller war und seine schalkhaften, spitzbübischen Seiten nicht mehr verbergen konnte. Das Kind als ein durch und durch vergnügtes tritt einem letztlich in Hoffmanns Schöpfung entgegen. Es ist eines, das nicht mehr zu beten gewillt ist:

«Gieb dem Vater und der Mutter
Alles Gute auf der Welt;
Laß mich gut und folgsam bleiben,
Wie's den Eltern wohlgefällt!»
(Staub, S. 4)

Es wird sich auch kaum mehr den folgenden Spruch zu Herzen nehmen:

«Ich will heut und alle Tage
Folgsam, fromm und fleißig sein;
Täglich will ich zu mir sprechen:
‹Bleib im Herzen engelrein›»
(ebd. S. 12).

Auch das Gebet nach bestandenem Schulexamen paßt nicht mehr in die Welt des Struwwelpeters. Da beten die Kinder, sind fromm und gut und geben sich, als könnten sie kein Härchen krümmen:

«*Unsre Prüfung ist zu Ende*
Glück und Segen bringt der Fleiß,
Dankend falten wir die Hände
Dir, o Gott, zum Lob und Preis

Unsrer Schule Freudenstunden,
Unsrer Jugend Maienzeit
Hast du uns zum Kranz gewunden;
Du, o Gott der Herrlichkeit.

Möge drum ein Jedes streben,
Ringen nach Vollkommenheit!
Ist ja doch das Erdenleben
Unsrer Seele Bildungszeit.

Mög' am großen Prüfungstage
Jedes ruhig vor dir steh'n,
Und des Vaters ernster Frage
Freudevoll entgegenseh'n!»
(ebd. S. 210)

Von den Rebellen des ausgehenden 19. Jahrhunderts war es dann nur noch ein kleiner Schritt in das «Jahrhundert des Kindes», wie die schwedische Pädagogin Ellen Kay unsere Zeit bezeichnete.

Auch trennte nur noch ein schmaler Graben von der antiautoritären Erziehung und brauchte es nicht mehr viel, bis der Cartoonist, Schreiber und Zeichner Friedrich Karl Waechter 1970 seinen «Anti-Struwwelpeter» zeichnen und malen konnte. Dieses Büchlein ist eine geistreiche Verulkung des originalen «Struwwelpeters», welches die Kinder die Lust am Ungehorsam lehrt und die gestrengen Erwachsenen unverfroren auslacht. Dem «Schneider mit der Scher» gelingt es nun nicht mehr, dem Konrad den Daumen abzuschneiden. Konrad und seine kleinen Freunde feiern ein Fest des Daumenlutschens:

«Jeder läßt sich nieder und
wupp! den Daumen in den Mund.
Später sind's die Zigaretten,
sind's die Freuden in den Betten,
doch die kleinen Mädchen, Knaben
wollen sich am Daumen laben!»
(Waechter, S. 19)

Des Schneiders Zugriff haben sie zum vorhinein vereitelt. Sie strichen den Boden mit Seife ein, und der Züchtiger rutscht aus, fällt hin – und: verliert gar seine Hosen!

«Als die Mutter kommt nach Haus,
sieht der Schneider traurig aus.
Ohne Hosen steht er dort,
die sind alle beide fort»
(ebd. S. 20).

Heute tritt man den vergnügten Seiten der Kinder, ihren Streichen und Possen weniger mißtrauisch entgegen und ist im allgemeinen toleranter geworden. Kinder dürfen nun auch mal vergnügt und widerborstig sein. Da man in diesen Impulsen auch kostbare Ansätze zur Selbständigkeit sieht, geißelt man sie nicht mehr so drastisch wie früher, wo man noch den leibhaftigen Teufel in des Kindes Natur bezähmen zu müssen glaubte.

Trotzdem: bereits im vorigen Abschnitt über das Lachen der Kinder haben wir gesehen, wie es auch heute noch zu einer Unterdrückung der spontanen Seiten des Kindes kommen kann und die Erzieher – wie die Mutter im Traum Beats (S. 155) – nur das brave, freundliche Kind mitnehmen und das andere zurücklassen.

Die Anpassungserziehung im Sinne des Gehorsams erfolgt meist früh, noch im Säuglingsalter. Obwohl sich das in unserer Zeit beträchtlich geändert hat, kommt es immer wieder vor, daß Mütter – getreu den Lehren ihrer Mütter und Großmütter – Babys nächtelang durchschreien lassen und sie strikte nur dann aufnehmen und stillen, wenn es vom Nahrungsfahrplan her vorgesehen ist. Ordnung muß sein, und zwar bereits von allem Anfang an! Die Kinder könnten sich sonst noch an Vergünstigungen gewöhnen, was die schlechten Charakterzüge fördern würde. Noch heute traut man der Natur des Kindes nicht und vertritt die seit Jahrhunderten gültige Ansicht, daß das Kind, so wie es aus der Hand des Schöpfers kommt, tierisch, roh und verderbt ist, und allein Erziehung und Bildung aus ihm einen rechtschaffenen Menschen machen können. So läßt man Babys eben schreien, hält das für Trotz und vergißt dabei, daß die Natur des Kindes oft besser weiß, was not tut und wo die Bedürfnisse liegen. Eine heute 65jährige Frau träumte wiederholt von schreienden Säuglingen:

In einer dunklen Kammer schreit ein Säugling. Er ist schon ganz blau. Ich kann nichts machen.

Auf diese Frau wurde der oben beschriebene Erziehungsstil angewendet. Doch dabei blieb es nicht. Als sie größer wurde, nahm man ebenfalls ihre Bedürfnisse zu wenig zur Kenntnis. Das hatte zur Folge, daß sie eine schlechte Beziehung zu ihren eigenen Impulsen entwickelte und nicht nur all ihre Bedürfnisse bei sich überging, sondern auch ihre vergnügte, lustige Seite nur in einem ganz geringen Maße am Leben teilnehmen lassen konnte. Der Säugling im Traum schreit sich blau, und lapidar heißt es weiter: «Ich kann nichts machen.» Das Kind im Traum stand für das Baby, das sie einst war, bedeutet aber darüber hinaus auch all ihre Bedürfnisse, die sie bei sich selber nicht befriedigen konnte und lebenslänglich immer wieder von ihr überhört wurden. So, wie wir behandelt wurden, so behandeln wir uns häufig selber. So einfach ist das, so schwer ist es aber auch, diese Verinnerlichung von Erziehungshaltungen zu durchbrechen und sich schlicht einfach selber gut zu behandeln und die Lust am Leben zuzulassen.

Erna, eine heute 50jährige Frau, träumte von einem Kind, das voller Vergnügen auf einer Bank hin- und herrutscht und von seinem Vater brutal geschlagen wird.

Ein kleines Mädchen sitzt rittlings auf einer Bank ohne Lehne und rutscht mit Vergnügen von einem Ende zum anderen, immer wieder. Sein Vater verbietet ihm das. Und als das Kind nicht folgt, schlägt er es ganz brutal. Das Kind versucht es immer wieder. Der Vater wird immer brutaler. Es ist jetzt nicht mehr Strafe, sondern Wut, daß sich das Kind widersetzt. Ich schaue zu, kann nicht einsehen, warum das Kind nicht spielen soll, bin entsetzt über die sinnlose Grausamkeit und darüber, daß ich mich hilflos fühle und nicht eingreife.

Diesem Kind vergeht das Lachen, und das Vergnügtsein wird ihm gründlich ausgetrieben. Es bleibt nicht bei einer allenfalls noch mit Mühe zu rechtfertigenden Strafe. Nein, sie schlägt in blinde Wut und ohnmächtigen Zorn um. Die Träumerin, zwar höchst entsetzt, fühlt sich hilflos angesichts dieses Ausbruchs und greift nicht ein. Was sich im Traum zeigt, ist eine häufig zu beobachtende Tatsache. Kinder werden bisweilen nicht nur wegen ihrer Vergehen bestraft, sondern Eltern schlagen aufgrund verinnerlichter Elternfiguren im Kind all jene Seiten zusammen, die sie selber auch nicht leben durften, nach dem unbewußten Motto: Was ich nicht durfte, sollst du auch nicht dürfen. Das Kind, das an ihre eigenen schalkhaften und verbotenen Seiten rührt, flößt den Erwachsenen außerdem auch Angst ein, weil in ihnen selber noch die Elternfiguren aus ihrer Kindheit wirksam sind. Wer haut, der haut oft aus unbewußter Angst vor Strafe. Und schließlich müssen wir auch an die Rollenumkehr denken. Ein schlagender Elternteil ist oft deshalb so gewalttätig, weil er nun am hilflosen Kind all die immer noch unbewußte Wut über seine Eltern auslassen kann. Vater und Mutter konnte er sie nicht zeigen, nun aber ist das eigene Kind das geeignete Objekt, endlich einmal die aufgestauten Haßgefühle loszuwerden, ohne befürchten zu müssen, zurückgeschlagen zu werden. So schlägt ein wütender Erwachsener letztlich in seinem

Kind die eigenen Eltern. – Diese komplizierten Vernetzungen können die ohnmächtige Wut, die man leider an Erwachsenen ihren Kindern gegenüber häufig beobachten kann, wenigstens teilweise erklären.

Aufgrund einer strengen Erziehung waren Erna das Lachen und das Vergnügtsein gründlich vergangen. Das spontane, lustige Kind lebte aber trotzdem noch in ihr, doch wie im Traum war eine Vaterinstanz in ihrem Innern am Werk, die ihr verbot, diese Seiten frei und arglos zu leben. Sie war ein sehr ernster Mensch und neigte dazu, vergnügte und schalkhafte Gefühlsregungen zu blockieren. Ähnlich wie im Traum konnte sie sich innerlich nicht genügend durchsetzen, um das Kindhafte in sich zum Ausdruck zu bringen. Das sollte sich indes ändern. Es zeigten sich in ihren Träumen vermehrt Szenen, in denen lustige und ausgelassene Kinder vorkamen. Dazu ein Beispiel:

Vom Fenster eines Hauses sehe ich, wie ein braunlockiges Mädchen von etwa fünf Jahren und ein gleichaltriger Junge auf dem Bauch durch den Dreck im Garten rutschen. Es macht ihnen viel Freude. Auch ich amüsiere mich beim Zuschauen. Dann stehe ich vor einem Laden. Das kleine Mädchen kommt heraus, freudestrahlend, denn es hat sich allein und selbständig etwas gekauft. Ich selbst bin nicht viel größer als das Kind.

Auch diese Kinder sind vergnügt und rutschen im Dreck herum. Ihr Vergnügen ist dem des kleinen Mädchens im vorhergegangenen Traum ähnlich, doch diesmal greift niemand ein. Im Gegenteil, die Handlung setzt sich fort und gipfelt im selbständigen Einkauf des Mädchens. Die Träumerin freut sich mit. Sie ist selber nicht viel größer als das Kind, was darauf hinweisen könnte, daß ihr das Kind-Erleben buchstäblich nahegebracht wird.

In diesem Traum ist das vergnügliche Im-Dreck-Rutschen verbunden mit dem selbständigen Schritt des Mädchens, sich etwas im Laden zu besorgen. Der Spaß kann als ein Ansatz zur Welteroberung angesehen werden. Kinder üben im freien Spiel ihre Möglichkeiten und können so eigene und fremde Grenzen selbständig erfahren und kennenlernen. Auf diese Weise bildet sich die Grundlage für den Mut, frei und unabhängig etwas zu tun. Kinder, die allzusehr eingeschränkt werden, überbehütet sind und denen kein Spielraum gegeben wird, neigen dazu, sich zu folgsamen Anpassern zu entwickeln und trauen sich keine autonomen Schritte zu. Sie ahmen das Verhalten Erwachsener sehr früh und sehr gut nach, vermeiden jedoch unbekannte Situationen und kennen wenig Mut angesichts des Neuen und Unbekannten.

Unter den Träumen Ernas wurden allmählich jene zahlreicher, in denen Kinder ihrem Spieltrieb und Vergnügtsein freien Lauf lassen konnten und nicht mehr von brutal strafenden Erwachsenen bedroht waren. In ihnen holte Erna das unbeschwerte Erleben nach, das ihr als Kind nicht vergönnt gewesen war. Dabei war es interessant zu sehen, daß sich auch die erwachsenen männlichen Gestalten veränderten und sich – wie im nachfolgenden Traum – am Spaß der Kinder beteiligten. Ein Beispiel möge für viele andere stehen:

Ein Säugling und ein großer schlacksiger Mann springen in einem großen Satz zu mir in die Badewanne. Der Säugling taucht im Schaum unter, aber ich habe ihn in der Armbeuge und wische ihm den Schaum vom Gesicht. Er lacht übers ganze Gesicht, als sei ihm etwas gelungen.

Es ist oft so, daß wir im Traum Erfahrungen nachholen können, die wir im wirklichen Leben nicht oder zu wenig gemacht haben. Indem nun Erna – zunächst im Träumen – sich an jene Kindseiten in sich selber anschließen konnte, «probte» sie Verhaltensweisen, die sie später in ihrem Alltag vermehrt auszuleben lernte. Auf diese Weise wurde ihre an sich wertvolle Ernsthaftigkeit durch Spontaneität und Spaßhaftigkeit gemildert, was ihr gesamtes Wesen bunter und reicher erscheinen ließ.

Das Kind oder der schöpferische Keim

Alex, den wir bereits im Abschnitt «Gotteskindschaft» (S. 142 ff.) kennengelernt haben, träumte einst den folgenden Traum:

Ich schreibe über die Konzeption eines Kindes, über Schwangerschaft und Geburt. Es ist aber gerade der Akt des Schreibens, der diese Vorgänge bewirkt. Wie ich fertig bin, fühle ich mich wie neugeboren.

Dieser kleine Traum weist einige höchst bemerkenswerte Aspekte auf. Kind und schöpferischer Akt werden hier eng miteinander verbunden dargestellt. Die kreative Tätigkeit des Schreibens wird als Zeugungs- und Geburtsvorgang verstanden und bewirkt schließlich, daß sich der Autor nach erfolgter «Geburt» seines Produkts selber wie neugeboren fühlt. Schöpferische Aktivität ist wie Kinderkriegen, das Resultat ist gleich einem Kind; oft sagt man auch, jemand habe «ein Kind geboren», wenn er etwas geschaffen hat. Das schöpferische Tun wird schließlich als Wiedergeburtsvorgang, als seelisch-geistige Erneuerung aufgefaßt. Alex, dem wir als ernstem, pflichtbewußten Menschen begegnet sind, integrierte im Laufe seiner Analyse mehr und mehr kindhafte Seiten – seine Spontaneität, Fröhlichkeit, seinen gesunden Mutterwitz – und wandte sich vermehrt spielerischen Tätigkeiten zu. Diese Veränderungen brachten es auch mit sich, daß Alex schöpferischer wurde. Die neugewonnene innere Freiheit machte es ihm möglich, in Muße Gedankenverbindungen herzustellen, Zusammenhänge zu erkennen und sie im Schreiben zum Ausdruck zu bringen. Der streng wissenschaftlich arbeitende Mensch hatte einem freieren, kreativen Platz gemacht. Dem «homo sapiens», dem vernunftbegabten Menschen, stellte sich ein «homo creativus», ein schöpferischer Mensch, zur Seite. Dieser Übergang führte über die Stufe des Spiels.

Im Spiel sind wir absichtslos engagiert und finden, frei von Zwängen und drückenden Zielvorstellungen, oft Lösungen, die sich als neu und echt kreativ erweisen. Im Spiel sind wir einer Sache im Moment und vollständig hingegeben, gehen in ihr auf, sind ins Spiel versunken. Der bekannte niederländische Kulturphilosoph Jan Huizinga hat für den spielenden Menschen einen neuen, treffenden Ausdruck geprägt. Er nennt ihn den «homo ludens» (lat. ludere = spielen). Dieser Begriff bekommt seine ihm eigene Bedeutung jedoch erst ganz durch die Nachbarschaft zu den Begriffen wie «homo faber» (praktisch, technisch begabter Mensch) und «homo sapiens» (vernunftbegabter Mensch, gleichzeitig wissenschaftliche Bezeichnung des heutigen Menschen), die beide das Menschsein mit den heute hochgehaltenen Werten wie Technik und Vernunft verbinden. Der «homo ludens» bezeichnet eine dritte, eigenständige Kategorie und weitet unser Menschenbild in den schöpferischen Bereich aus. Nach Huizingas äußerst lesenswerten Ausführungen gründen alle Kultur und jede kulturelle Leistung letzten Endes im Spiel und damit in einer Verfassung, in der sich der Mensch spannungsvoll, aber frei fühlt und sich «außerhalb des Prozesses der mittelbaren Befriedigung von Notwendigkeit und Begierden» (Huizinga, S. 16) befindet. In diesem außerhalb des Daseinsvollzugs in Ernst und Pflicht stehenden Spiel-Raum vollziehen sich die ersten Ansätze zum schöpferischen Tun und zur Kultur schlechthin.

Viele im Streß des Arbeitsprozesses stehende Menschen haben die Fähigkeit zu inniger Spielversunkenheit verloren, und es gelingt kaum mehr, sich einer Sache in Hingabe, mit Leib und Seele und in innerer Freiheit spielerisch zu widmen. Das Kind hat diese Fähigkeit jedoch noch in hohem Maße, es kann sich mittels seiner Phantasie über die Realität hinwegsetzen, sie einbinden in seine Vorstellungen und spielerisch-schöpferisch in dieser imaginativen Welt aufgehen. So kann es sich auf den ersten Stuhl einer langen Reihe von Stühlen setzen und Lokomotive und Eisenbahn spielen, wobei seinen imaginativen Einfällen keine Grenzen gesetzt sind. Der Unterschied zwischen Spiel-Raum und Alltagswelt wird vollends deutlich, wenn ein spielendes Kind unterbrochen wird. So sagte einmal eine Mutter ihrer kleinen Tochter, die mit ihren Puppen Lehrer–Schüler spielte, sie solle das Geschirr waschen. «Mama», sagte die Kleine, «das darfst du mir nicht befehlen, sonst denken meine Schüler, ich sei keine richtige Lehrerin!» Das Kind im Spiel ist innerlich vollkommen erfüllt, und es gelingt ihm dabei auch, sich über eine bedrückende Realität hinwegzusetzen. Ich erinnere in diesem Zusammenhang an Bernhard, der Spiele erfand, die er mit einem imaginierten Partner spielte. Diese Spiele trösteten ihn über seine Einsamkeit hinweg und erlaubten ihm, sie zuzeiten auch zu vergessen (S. 29).

Die Fähigkeit zu einer solchen Versunkenheit haben wir als Erwachsene weitgehend verloren, im schöpferischen Tun können wir sie jedoch wieder neu erleben. Es ist deshalb nicht von ungefähr, daß auch die Träume gern das Kind-Symbol verwenden, wenn es um spielerisch-schöpferische Aktivität geht. Im Traum von Dora, einer 42jährigen Frau, zeigt sich ein solches Kind und vermittelt den zuschauenden Erwachsenen das Gefühl seliger Hingabe:

Ich komme mit meinem Mann in ein Zimmer. Es ist das Zimmer meines Bruders im ehemaligen Elternhaus. Da ist ein hohes, altmodisches Bett. In dem Bett, vergraben in vielen Decken und Kissen, spielt ein Kind stillvergnügt und singt ganz in sich versunken Lieder und Melodien vor sich hin. Die Szene ist außerordentlich berührend, und wir bleiben, versunken in den Anblick des Kindes, unter der Türe stehen. Dann gehe ich auf das Kind zu. Wir wußten: es ist unser Kind und doch – es war es wiederum auch nicht. Das Kind ist ungefähr drei Jahre alt. Es hat ein verletztes Auge und eine verletzte Nasenspitze, blaue Druckstellen. Das Glück dieses Kindes ist überwältigend, ansteckend und außerordentlich innig.

Dieser Traum stellte sich ein, als Dora sich innerlich desorientiert erlebte und ihre Mitte verloren hatte. Schöpferisch veranlagt, lebte sie ihr Talent in der Malerei aus. Damals befand sie sich in einer Durststrecke, die Kräfte wollten nicht fließen, und sie empfand sich als blockiert. Das Zimmer im Traum war das

Kinderzimmer ihres Bruders im Haus der Kindheit. Ihr Bruder, ebenfalls eine begabte Persönlichkeit, war neben seinem Broterwerb als Ingenieur auch noch schriftstellerisch tätig. Der Traum führt Dora in die Kindheit und damit in das Umfeld ihres begabten Bruders, wies also auf den schöpferischen Ursprung in der Kindheit hin. Das Kind, ihr eigenes und dann doch nicht ihr eigenes, spielt stillvergnügt vor sich hin und ist so versunken in seine Spielwelt, daß es das Kommen der Erwachsenen überhört und beim Spielen offenbar auch seine Verletzungen nicht mehr bemerkt. Das verletzte Kind stellte Doras kreative Seite dar, die im Wachen tatsächlich als verletzt erlebt wurde und nicht mehr funktionierte. Im Traum nun erscheint diese Seite wieder in voller Aktivität und zieht Dora und ihren Mann in Bann. Der Traum stimmte Dora froh und bewirkte einen Stimmungsumschwung. In der Tiefe ihrer Seele war der Anschluß an ihre schöpferischen Möglichkeiten wiedergefunden worden, und es zeigte sich in der Folge wieder ein vermehrtes Fließen ihres Potentials.

Erich ein Techniker, der sich spät im Leben noch entschlossen hatte, das Abitur nachzuholen und Architektur zu studieren, träumte ebenfalls im Zusammenhang mit seiner schöpferischen Ausrichtung von Kindern:

Ich bin in der Hochschulbibliothek und habe eben Zwillinge geboren. Die Bibliothekarin ist auch da und freut sich über die bereits munteren Kinder.

Im Zusammenhang mit seinem Studium mußte sich Erich auch mit Kunstgeschichte und diesbezüglicher Lektüre befassen. Zur Zeit des Traumes war er damit beschäftigt, eine Seminararbeit über ein städtebauliches Thema zu verfassen. Da ihm der Umgang mit Büchern und wissenschaftlicher Arbeit noch nicht vertraut war, hegte er eine gewisse Angst vor der neuen Aufgabe. Der Traum tröstete ihn indes und schenkte ihm gleich zwei Kinder in der Bibliothek, dem Ort, an dem er sich in der Folge häufig aufhalten sollte. Die Zwillinge standen symbolisch für seine Arbeit und versinnbildlichten sein schöpferisches Potential.

Der Traum ist abgesehen davon ein treffliches Beispiel dafür, daß auch ein Mann einen Geburtstraum haben und im Traum die Geburtswehen und die entsprechenden Freuden intensiv erleben kann, die sonst nur einer Frau vorbehalten sind. Ich muß allerdings beifügen, daß gebärende Männer im Traum eher zu den Seltenheiten gehören, während bei Frauen naturgemäß Geburten sehr häufig vorkommen.

Unser schöpferisches Potential ist oft bedroht. Diese Bedrohungen erwachsen uns in der Regel von der Innenseite unserer Psyche her. Ängste, Zweifel, Gedanken an Autoritäten, die es besser wissen und können, drohen manchmal unsere Unternehmungen empfindlich zu hemmen. Auch kann es geschehen, daß unser Selbstwertgefühl durch eine Kritik von außen gefährlich ins Wanken gerät und gänzlich abzusinken droht. Ohne ein gewisses Maß an Selbstwertgefühl können wir allerdings keine schöpferischen Leistungen erbringen. Der Glaube an uns selber liegt in solchen Momenten darnieder. Wir ermangeln des notwendigen Schwungs und lassen uns von pessimistischen Phantasien umspinnen.

So erging es auch Barbara, als sie sich nach einer endlos lang erscheinenden Vorbereitungszeit dem Abschlußexamen als Lehrerin zu stellen hatte. Wie es so geht, fühlte sie sich ausgepumpt und hatte das Gefühl, überhaupt nichts mehr zu können. Ihr Unbewußtes jedoch bewertete die Lage anders und balancierte ihr niederes Selbstwertgefühl durch das Kind-Symbol aus. Der Traum:

Im Schlafzimmer meiner Eltern liegt im Bett meiner Mutter ein herziges Neugeborenes. Beim Betreten des Zimmers bin ich darauf gefaßt, daß der Kleine zu schreien beginnt, was aber nicht der Fall ist. Im Gegenteil, er lacht mich an und beginnt zu sprechen. Ich muß zu einer Prüfung, und es stellt sich heraus, daß der Junge fachlich fast ebensoviel weiß wie ich. Er ist jetzt auch etwas größer geworden, so daß er gehen kann, und wir gehen zusammen zur

Prüfung. Er ist aber immer noch ein kleines Kind von ungefähr fünf Jahren. Ich bin überzeugt, daß der Junge es beruflich später sehr weit bringen kann, wenn er als so kleines Kind schon soviel weiß.

Das Kind des Traumes stand unter anderem für das über lange Monate angesammelte Wissen. Es lacht im Traum, und Barbara beschließt, mit ihm zur Prüfung zu gehen. Es war für sie wichtig, sich im Anschluß an den Traum wieder in die Freude am Stoff einzuschwingen und sich daran zu erinnern, mit welcher Begeisterung sie einst das Studium begonnen hatte. Das Kind im Traum – das Kind in ihr – fürchtete sich nicht, ist vergnügt und dank seiner Jugendkraft befähigt, in der Prüfung auch kreativ zu reagieren und ohne Angst auf Fragen zu antworten. Der Bezug zu einem solchen Kind tut uns allen in Prüfungssituationen not. Die Bedrohung unserer schöpferischen Seiten kann sich aber auch im Traum zeigen. Hans-Martin, der eben eine graphische Arbeit für eine Werbung ausgearbeitet hatte, fand seine Leistung nun plötzlich absolut unbrauchbar und wagte es nicht, sie seinem Chef abzugeben. – Spät abends begann er nochmals alles neu zu überarbeiten, fand jedoch keine bessere Lösung und versank in einem Meer von Ängsten und Zweifeln. Nachts träumte er:

In einer Grube liegt ein Kind in einem Sarg. Man will es begraben. Der Priester, ganz in schwarz, ist schon da und beginnt, die Grablegungsworte zu sprechen. Ich stürze mich auf den noch offenen Sarg und hebe das Kind heraus, weil ich überzeugt bin, daß es noch lebt.

Der Traum brachte Hans-Martin zum Bewußtsein, daß er drauf und dran war, das Produkt seiner schöpferischen Aktivität zu begraben. Er stimmte ihn um, und er begab sich anderntags zu seinem Chef und präsentierte ihm die Arbeit, welche dieser erfreut in Empfang nahm.

Frauen haben außerdem eine besondere Neigung, ihre kreativen Möglichkeiten zu untergraben. Da es noch nicht so lange her ist, daß Frauen auch höhere Schulen besuchen können und beruflich ausgebildet werden, sind sie besonders anfällig für Kritik und fühlen sich bisweilen unsicherer als Männer, bei denen schöpferische Betätigungen nie angezweifelt wurden. Die patriarchale Ausrichtung unserer Gesellschaft bringt es mit sich, daß Frauen häufig meinen, sie müßten Aufgaben so lösen, wie Männer dies tun würden. Frauen gehen aber oft anders – gefühlsmäßiger, irrationaler und kreisend – an ihre Vorhaben heran. Doch gerade in diesen spezifisch weiblichen Haltungen lassen sie sich durch männliche Vorstellungen, wie zielgerichtet und objektiv sein zu müssen, stören und lassen folglich ihre Pläne oft brach liegen. – Monika, der wir bereits im Abschnitt «Kindheit im Zeichen der Krankheit» (S. 56 ff.) begegnet sind, ließ sich in ihrer Arbeit mit den Kindern immer wieder von dem Gedanken stören, ein Mann oder der und der Kollege könnten besser mit den kleinen Patienten umgehen und würden anders als sie handeln. Gewiß, das würden sie wohl tun. Für Monika war es hingegen wichtig, sich ihres weiblichen Selbstverständnisses bewußt zu werden und Intuition, Phantasie und Gefühl bei ihrer Arbeit zuzulassen. Nur so konnte sie schöpferisch sein, allein auf diese Weise hatte sie gute Einfälle und konnte sie sich in ihrer Arbeit wohl und animiert fühlen. Als sie wiederholt in den Zustand geriet, sich von männlichen Zielvorstellungen vollends zudecken zu lassen, träumte sie folgenden lehrreichen Traum:

Ich komme in eine seit Ewigkeiten bestehende gotische Steinstadt. Weite unterirdische Räume, schauerlich dunkel, alles versteinert. Man muß, das weiß ich, da hindurchgehen, Schritt für Schritt, was ich mit großer Zähigkeit und Ausdauer tue. Dann komme ich an ein großes, schwarzes, gähnendes Tor. Ich glaube, daß ich da hindurch kann. Doch nun umschließt ein Fenster mit eisernem Griff meinen Hals – es ist ein Alptraum – wie soll ich mich befreien? Da fällt mir ein, daß ich mich ja auf meine innere Stimme verlassen kann, und in diesem Augenblick löst sich alles, ist alles erlöst. Menschen und Leben fluten mir zu, eine Frau bedankt sich für die Erlösung. Dann wird mir ein kleines, blondes Kind gereicht. Ich drücke es innig an mich. Ein Mann gehört dazu, und ich empfinde große Nähe zu ihm und dem Kind.

Die gotische Steinstadt interpretierte Monika als männliche Welt. Tatsächlich eignet der Gotik mit ihrer schlanken, in die Höhe ragenden Architektur eine typisch maskuline Ausrichtung. Der gotische Stil strebt zum Licht, zum Himmel und sucht der Erdenschwere – die noch in der Romanik deutlich zutage tritt – zu entfliehen. Monika kämpft sich zäh durch diese versteinernde Steinstadt hindurch, fühlt sich jedoch nicht in ihrem Element. In der Tat hatte Monika sich in ihrer Ausbildung männliches Werkzeug fleißig angeeignet, war in der Lage, logisch zu denken und objektive Sachverhalte zu erkennen. Dabei gerieten ihre gefühlshaften Qualitäten in den Hintergrund, und sie kam in eine gewisse Selbstverfremdung hinein. Im Traum umschließt ein Fenster ihren Hals, und sie fühlt sich dem Ersticken nahe. Im Moment jedoch, wo sie sich auf ihre innere Stimme besinnt, löst sich alles, und Leben strömt ihr zu. Die wiedergewonnene Lebendigkeit gipfelt im Traum im Symbol des Kindes. Es steht für Daseinsfreude und schöpferische Ausgerichtetheit schlechthin. Sie kann es liebevoll annehmen und gerät dadurch auch in die Nähe eines ihr zugewandten Mannes, dem sie angehören möchte. Es ist außerordentlich wichtig, daß Frauen eine Animusseite – eine männliche Seite – in sich entwickeln, welche die spezifisch weiblichen Fähigkeiten bejahen und schätzen kann. Erst dann können sie sich voll auf ihre schöpferischen Möglichkeiten einlassen und ihnen den nötigen Spiel-Raum gewähren.

Das schöpferische Element wird jedoch nicht allein im Kind symbolisiert. Häufig wird es durch einen Zwerg versinnbildlicht. Zwerge sind in und unter der Erde wohnende Erdgeister, meist alt, faltig und mit Bart. Typisch ist die rote Spitzmütze. Unter der Erde hüten sie Schätze, fördern Metalle und Edelsteine zutage. Oft sind sie ausgezeichnete Schmiede und kennen sich auch bestens im Kochen und Backen aus. Zwerge haben meist positive Bedeutung, und der sogenannte häßliche Zwerg – man nennt ihn auch Kobold – kommt eher selten vor. Zwerge wollen den Menschen in der Regel wohl, vergelten ihre Wohltaten mit gütigen Gaben und erweisen sich oft als echte Heinzelmännchen (Bächtold-Stäubli, Bd. IX, Sp. 1008 ff.).

Ihre Beschäftigung mit dem Erdbau und ihre Fähigkeit, schöne Metallarbeiten herzustellen, weisen die Zwerge in den Bereich der Großen Mutter und sprechen ihnen ein Höchstmaß an Kreativität zu. Die kleinen Wesen erscheinen in der griechischen Mythologie als Daktylen (gr. daktylos = Finger) und Kabiren und sind den Muttergöttinnen Kybele, Rhea und Adresleia zugehörig (Pauly, I, Sp. 363 ff.; III, Sp. 34 ff.). Sind wir schöpferisch, so haben wir auch einen Zugang zur Großen Mutter, die alles Leben hervorbringt. Der Bereich, in dem die Große Mutter wirkt, ist allgemein gesprochen das Unbewußte, aus dem die schöpferischen Keime in Träumen und Phantasien aufsteigen und darauf warten, ins Tagesbewußtsein übertragen zu werden.

Der schöpferische Mensch ist in einem besonderen Maße mit dem Weiblichen und dem Unbewußten verbunden, zu dem das Werdenlassen, das Wachstum, die Geburt und das neue Leben gehören. Um echt kreativ zu sein, müssen wir uns zunächst auf diese Vorgänge einlassen können, ist es angezeigt, sich absichtslos dem schöpferischen Einfall zu öffnen, um daraus den Schwung zur produktiven Leistung zu empfangen. Ein-fall, das Wort sagt es, fällt ein und läßt sich nicht zielstrebig «machen». Der Einfall benötigt zu seiner Annahme weibliche Gestimmtheit, in der wir ihn abwartend empfangen.

Wie sehr der Zwerg als Abwandlung des Kindmotivs mit dem schöpferischen Einfall verbunden ist, zeigt sich sehr schön an der folgenden Begebenheit, die mir eine Frau, Ruth, erzählte: sie sei einst allein im Monat November in ihrem Ferienhaus gewesen, weitab von der menschlichen Zivilisation, und habe sich da ihren Gedanken und den Naturereignissen vollständig überlassen können. Kein Auto- und kein Restaurantslärm drangen in ihre geruhsame Einsamkeit ein. Auch kein Telephon konnte die Stille stören, da das Haus nicht über einen privaten Anschluß verfügte. Die nächste Telephonkabine befand sich im Dorf, war aber in diesen Tagen defekt und in Reparatur. Eines Nachts, so erinnerte sie sich, habe sie geträumt und dann das Empfinden gehabt, jemand wolle sie wachrütteln. Sie hätte dann einen kleinen, grün gewandeten Zwerg gesehen, der munter auf ihrem Bett über ihre Hüfte hin- und hersprang und ihrem Rücken kleine Püffe versetzte, wie wenn er ihr etwas sagen wollte. Sollte sie aufstehen und ihm die Türe öffnen, fragte sie sich, verwarf dann aber den Gedanken, weil es so kalt im Zimmer war und der Zwerg wohl selber den Ausgang finden würde. Sie sei dann wieder eingeschlafen. Am anderen Morgen hatte sie das starke Empfinden, etwas sei geschehen. Sie machte sich bereit, ging zum Bahnhof und fuhr nach Hause. Kaum sei sie dort angekommen, habe das Telefon geklingelt, und man teilte ihr mit, ihr Pate, an dem sie sehr hing, sei gestorben. Da der Pate nicht in der Schweiz, sondern in Hamburg wohnte, fand die Beerdigung dort statt. Dank der Botschaft des Zwerges hatte sie nun genügend Zeit, noch rechtzeitig zum Begräbnis einzutreffen. Der Zwerg ihres inneren Gesichts war ein echtes Heinzelmännchen. Er wußte mehr als ihr Bewußtsein und vermittelte ihr einen Einfall und ein Wissen, auf das sie im Wachbewußtsein wohl nie gekommen wäre.

Nun möchte ich einen Traum von Erika anführen. In ihm begegnet uns der Zwerg in enger Verbindung mit dem Kind und zeigt, daß Zwerg, Kind und schöpferischer Impuls in einem inneren Zusammenhang stehen:

Ich war auf dem Heimweg mit dem Auto. Dann stand ich auf der Straße und aus dem Asphalt wuchs ein kleiner, zwergenhafter Knirps in einem feuerroten Kleidchen heraus. Er glich Markus, meinem Kind.

Wie ein echter Zwerg oder Kabir kommt das Kindwesen aus dem Innern der Erde an die Oberfläche. Dabei bringt er es fertig, die feste Asphaltschicht zu durchbrechen, ohne Schaden zu nehmen. Der Knirps hatte sehr viel mit Erikas schöpferischen Möglichkeiten zu tun, die sie, nachdem ihre Kinder größer geworden waren, wieder zu aktivieren trachtete. Das Unbewußte kam ihr entgegen und begrüßte ihre Pläne in der Gestalt des Männleins, das zinnoberrot – ihre Lieblingsfarbe – gekleidet war. Rot ist auch eine Signalfarbe. Der Zwerg gab Erika in diesem Sinne das Signal zum Start ihrer geplanten Unternehmungen und gemahnte im Durchbrechen des Asphalts an einen glückhaften Aufbruch.

Zum Kind in uns hinfinden, heißt zur einstigen Kindheit vorstoßen, bedeutet Nähe zum eigenen, angestammten Wesen und verweist uns letztlich auf unsere schöpferischen Möglichkeiten, von deren Ausgestaltung unsere Zukunft immer wesentlich mitgeprägt wird.

Begriffserklärungen

Anima/Animus: Seelische Funktionskomplexe, deren Bewußtwerdung sich im Lauf der → Individuation aufdrängt. Die Anima repräsentiert das Frauenbild im Mann, der Animus das Männerbild in der Frau.

Archetyp, -en, archetypisch: (griech. Urprägung, Urbild). Formen der Auffassung und des Handelns, die sich im seelischen Innenraum als Symbole zeigen und sich in den Instinkten äußern. Persönlichkeitsübergreifend erscheinen die archetypischen Bilder in den Religionen, Mythologien, der Literatur und der Kunst.

Archetyp der Mutter: Er umfaßt alle mütterlich-weiblichen Qualitäten und Äußerungen und tritt dem Kind zunächst in der persönlichen Mutter entgegen, später in den weiblich-fürsorgenden Bezugspersonn und in der Natur als überpersönliche Mutter.

Archetyp des Vaters: Er bedingt alle väterlichen Qualitäten und Äußerungen und tritt dem Kind zunächst im persönlichen Vater, später in den Autoritätspersonen und patriarchal geprägten Institutionen entgegen.

Gegenübertragung: Unter Gegenübertragung im engeren Sinne versteht man die Reaktionen des Analytikers auf den Analysanden. Diese können mit dem Analysanden zu tun haben, können aber auch völlig illusionär sein und nur mit der Persönlichkeit des Analytikers in Zusammenhang stehen.

Große Mutter: → Archetyp der Mutter.

Großer Vater: → Archetyp des Vaters.

Individuation: Selbstwerdungsprozeß, der den einzelnen zur Realisation größtmöglicher Fülle der in ihm angelegten Möglichkeiten führt.

Komplex: (lat. complectere = verflechten). Gefühlsbetonte Vorstellungsgruppe im Unbewußten. Die Bewußtmachung von Komplexen wirkt erlösend und heilend. Die Komplexe entstehen in der Regel in der Kindheit und sind im → persönlichen Unbewußten eingebunden. Ihr Kern ist jedoch → archetypischer Natur. Bricht das archetypische Element in das Bewußtsein ein, so ist dies das Ich überschwemmend und Besessenheit auslösend.

Neurose: Die Neurose ist, allgemein gesprochen, eine mißglückte Konfliktverarbeitung, deren Wurzeln in die Kindheit zurückgehen. Man spricht von Zwangs-, Angst- und hysterischen Neurosen. Nach C. G. Jung ist der

Konflikt nicht so sehr in die Kindheit eingebunden, sondern in der aktuellen Lage repräsentiert. Neurose ist im Jungschen Verständnis immer auch eine Chance zur heilsamen Veränderung.

Persona: Mittels der Persona wird die Anpassung nach außen, an die Gesellschaft erbracht. Die Identifikation mit der Persona ist gefährlich, weil sie die Ganzheit der Persönlichkeit verhindert und zur Maske wird.

Projektion: Unbewußter Prozeß, mit dem innere Vorgänge und Persönlichkeitsanteile veräußerlicht und in einem anderen Menschen oder einer Sache lokalisiert werden.

Schatten: Er umfaßt die unbewußten Persönlichkeitsanteile, die in der Regel minderwertig, dunkel und unentwickelt sind. Sie sind meist verdrängt und machen sich daher negativ bemerkbar. Der Schatten umfaßt das → persönliche Unbewußte, reicht darüber hinaus jedoch in das → kollektive Unbewußte hinein.

Selbst: Zentraler → Archetyp, der die Gesamtpsyche umfaßt. Näherhin die psycho-biologische Ganzheit, welche die Entwicklung der Lebenszyklen steuert und zugleich Ziel der Individuation ist. Schließlich ist das Selbst Bild Gottes in der Seele und psychisches «Organ» zur Wahrnehmung des Göttlichen und Ewigen.

Symbol: Bestmögliche Darstellung und Formulierung einer noch unbekannten Sache. Ob etwas ein Symbol ist oder nicht, hängt von der Einstellung des Betrachters ab. Das Symbol ist im Ahnen und gefühlsmäßigen Erfassen eingebunden und deutet auf einen noch nicht näher zu umreißenden Sinn hin.

Übertragung: Die Übertragung im engeren Sinne ist eine besondere Form der → Projektion. Die Erfahrungen, die ein Mensch an seinen Eltern und Bezugspersonen machte, werden unbewußt am Analytiker wiedererlebt und erfahren eine Neuauflage. Diese Wiederholungen der Vergangenheit gelten nicht eigentlich dem Analytiker, sondern den früheren Bezugspersonen. Dank der in der Übertragung aufkommenden Gefühle kann die Kindheitsgeschichte erfaßt und so verarbeitet werden. – Übertragung im erweiterten Sinne gründet in den → Archetypen. So stehen z. B. hinter den Eltern und dem Erleben von und an ihnen die → Archetypen des Vaters und der Mutter.

Unbewußtes, kollektives: Das kollektive Unbewußte repräsentiert Urerfahrungen und Urbilder der Menschheit unabhängig von der persönlichen Erfahrung. Die Inhalte des kollektiven Unbewußten sind die → Archetypen.

Unbewußtes, persönliches: Das individuell Vergessene und unterschwellig Erlebte der eigenen Vergangenheit.

Literatur

Amman, R.: Traumbild Haus, Walter-Verlag, Olten u. Freiburg i. Br. 1987.

Ariès, Ph.: Geschichte der Kindheit, Deutscher Taschenbuchverlag, München [4]1982.

Asper, K.: Der therapeutische Umgang mit Schattenaspekten der narzißtischen Störung, Analyt. Psychol. 17: 1–25 (1986).

Asper, K.: Verlassenheit und Selbstentfremdung, Walter-Verlag, Olten u. Freiburg i. Br. [2]1987.

Badinter, E.: Die Mutterliebe. Geschichte eines Gefühls vom 17. Jahrhundert bis heute, Piper Verlag, München 1981.

Bächtold-Stäubli, H. (Hrsg.): Handwörterbuch des deutschen Aberglaubens, Walter de Gruyter, Berlin/Leipzig 1927 ff.

Bowlby, J.: Trennung. Psychische Schäden als Folge von Trennung von Mutter und Kind, Kindler Verlag, München 1976.

Bowlby, J.: Verlust, Trauer und Depression, Fischer Verlag, Frankfurt a. M. 1983.

Busch, W.: Wilhelm Busch – Die schönsten Bildgeschichten für die Jugend, Südwest Verlag, München (o. J.).

Canacakis, J.: Ich sehe Deine Tränen. Klagen, trauern, leben können, Kreuz Verlag, Stuttgart 1987.

de Mause, L. (Hrsg.): Hört ihr die Kinder weinen, Suhrkamp Verlag, Frankfurt a. M. [2]1982.

Drewermann, E.: Das Mädchen ohne Hände. Grimms Märchen tiefenpsychologisch gedeutet, Walter-Verlag, Olten u. Freiburg i. Br., [7]1987.

Drewermann, E.: Marienkind. Grimms Märchen tiefenpsychologisch gedeutet, Walter-Verlag, Olten und Freiburg i. Br. [2]1985.

Edvardson, C.: Gebranntes Kind sucht das Feuer, Carl Hanser Verlag, Wien [6]1986.

Eliade, M. (et al.): Die Schöpfungsmythen, Wissenschaftliche Buchgesellschaft, Darmstadt 1980.

Freud, S.: Psychopathologie des Alltagslebens, Bd. IV der Gesammelten Werke, chronologisch geordnet, Fischer Verlag, Frankfurt a. M. 1941.

Gaudenz, D.: Erinnerungen eines Landarztes, Calven Verlag, Chur 1974.

Gersdorf, D. von: Kinderbildnisse aus vier Jahrtausenden, Edition Hentrich, Frölich und Kaufmann, Berlin (o. J.).

Goethe, J. W. von: Dichtung und Wahrheit, in: Werke in zwei Bänden, Bd. I, Das Berglandbuch, Salzburg 1953.

Goldmann-Posch, U.: Tagebuch einer Depression, Kindler Verlag, München 1985.

Guardini, R.: Vom Sinn der Schwermut, Matthias-Grünewald-Verlag, Mainz, 1983.

Grimm, Brüder: Kinder- und Hausmärchen (KHM), Fassung von 1857, hrsg. von H. Rölleke, 3 Bd., Reclam Verlag, Stuttgart 1980.

Hark, Helmut: Vom Kirchentraum zur Traum-Kirche, Walter-Verlag, Olten und Freiburg i. Br. 1987.

Hennecke, E.: Neutestamentliche Apokryphen, hrsg. von W. Schneemelcher, Bd. I, Mohr (Siebeck)-Verlag, Tübingen, ^{3}1959.

Hoffmann, H.: Das Struwwelpeter-Album, Rütten und Loening Verlag, Frankfurt a. M. (o. J.).

Huizinga, J.: Homo ludens. Vom Ursprung der Kultur im Spiel, Rowohlt Verlag, München 1961.

Jacobi, J.: Die Psychologie von C. G. Jung, Walter-Verlag, Olten u. Freiburg i. Br. ^{6}1972.

Jacoby, M.: Psychotherapeuten sind auch Menschen. Übertragung und menschliche Beziehung in der Jungschen Praxis, Walter-Verlag, Olten und Freiburg i. Br. 1987.

Jung, C. G.: Zur Psychologie des Kindarchetypus (1940/1951), GW 9/1, Walter-Verlag, Olten u. Freiburg i. Br. 1976; Grundwerk 2.

Kaschnitz, M.-L.: Die Gedichte, Gesammelte Werke, Bd. 5, Insel Verlag, Frankfurt a. M. 1985.

Kerényi, K.: Das göttliche Kind, in: C. G. Jung und Karl Kerényi: Das göttliche Kind, Pantheon Akademische Verlagsanstalt, Leipzig 1940.

Kielholz, P.: Diagnose und Therapie der Depressionen für den Praktiker, J. F. Lehmanns Verlag, München ^{3}1971.

Kiessig, M. (Hrsg.): Dichter erzählen ihre Träume, Verlag Urachhaus, Stuttgart 1976.

Klibansky, R.; Panofsky, E.; Saxl, F.: Saturn and Melancholy, Nelson, London 1964.

Lenzen, D.: Mythologie der Kindheit, Rowohlt Verlag, Reinbek bei Hamburg 1985.

Mallet, K.-H.: Untertan Kind. Nachforschungen über Erziehung, Verlag Max Hueber, Ismaning b. München 1987.

Norden, E.: Die Geburt des Kindes, Teubner Verlag, Leipzig/Berlin 1924.

Neumann, E.: Die Große Mutter, Walter-Verlag, Olten und Freiburg i. Br. ³1978, Sonderausgabe ²1987.

Pauly (der kleine): Lexikon der Antike, 5 Bd., Deutscher Taschenbuch Verlag, München 1979.

Provenzalische Märchen, hrsg. u. übersetzt von F. Karlinger und G. Gréciano, Diederichs Verlag, Düsseldorf/Köln 1974.

RGG: Die Religion in Geschichte und Gegenwart, hrsg. von K. Galling, Bd. II, Mohr Verlag, Tübingen 1958.

Richter, D.: Das fremde Kind. Zur Entstehung der Kindheitsbilder des bürgerlichen Zeitalters, Fischer Verlag, Frankfurt a. M. 1987.

Rühfel, H.: Das Kind in der griechischen Kunst, Verlag Philipp von Zabern, Mainz 1984.

Rutschky, K.: Schwarze Pädagogik. Quellen zur Naturgeschichte der bürgerlichen Erziehung, Ullstein Verlag, Frankfurt a. M. 1977.

Schwarzenau, P.: Das göttliche Kind, Kreuz Verlag, Stuttgart 1984.

Staub's Kinderbüchlein, Fehrsche Verlagsanstalt, St. Gallen (o. J.).

Tillich, P.: Das neue Sein, Religiöse Reden, Evangelisches Verlagswerk, Stuttgart 1959.

Tillich, P.: Der Mut zum Sein, Steingrüben Verlag, Stuttgart ²1962.

Trube-Becker, E.: Gewalt gegen das Kind. Vernachlässigung, Mißhandlung, sexueller Mißbrauch und Tötung von Kindern, Kriminalistik Verlag, Heidelberg 1982.

Waechter, F. K.: Der Anti-Struwwelpeter, Diogenes Verlag, Zürich 1982.

Weiher, A. (Hrsg.): Homerische Hymnen, Heimeran Verlag, München 1970.

Widlöcher, D.: Die Depression, Piper Verlag, München 1986.

Winnicott, D. W.: Vom Spiel zur Kreativität, Klett-Cotta, Stuttgart ²1979.

Kathrin Asper

Verlassenheit und Selbstentfremdung

Neue Zugänge zum therapeutischen Verständnis

333 Seiten, Englische Broschur, 1987

«Verlassenheit und Selbstentfremdung sind Symptome der sogenannten narzißtischen Störung, die in der Kindheit wurzelt und
mit unrealistischen Vorstellungen von den eigenen Fähigkeiten,
aber auch mit Depressionen einhergeht. Wer daran leidet, muß
sein inneres Kind wiederentdecken, sagt Kathrin Asper. In
Familien mit besonders strengen Moral- und Wertvorstellungen
wird das Kind oft überfordert. Und seine negativen Gefühle wie
Wut, Haß und Eifersucht werden von der Umgebung nicht tole-
riert. Weil es seine ‹häßlichen› Gefühle nicht als die eigenen erleben darf, kann es kein Ich mit hellen und dunklen Seiten entwickeln. Kathrin Aspers Buch ist aus der Praxis entstanden. Es
soll uns helfen, den narzißtisch gestörten Menschen zu verstehen, ob wir nun selbst betroffen sind oder es mit solchen Menschen zu tun haben. Die schwierige Problematik legt sie lebendig
und anschaulich dar.»
Anabelle, Zürich, 1. Sept. 1987

«Das Buch ‹Verlassenheit und Selbstentfremdung› erweist sich
als ein einfühlendes und hilfreiches Mittel, die häufig anzu-
treffende narzißtische Störung zu erkennen, zu verstehen und
Wege der Heilung zu finden.»
Die neue Ärztliche, Frankfurt a. M., 25. Sept. 1987

Walter-Verlag